AMIGOS
QUE NÃO SÃO
GENTE

Daniela Neves Santos

Amigos
que não são
gente

2ª edição / Porto Alegre-RS / 2014

Capa e projeto gráfico: Marco Cena
Revisão: Viviane Borba Barbosa
Editoração eletrônica: Bruna Dali e Maitê Cena
Assessoramento de edição: André Luis Alt

Dados Internacionais de Catalogação na Publicação (CIP)

S237a Santos, Daniela Neves
Amigos que não são gente. / Daniela Neves Santos. – 2ªed. – Porto Alegre:
BesouroLux, 2014.
200 p.; 16 x 23 cm

ISBN: 978-85-99275-72-6

1. Espiritualidade. 2. Energia. 3. Reencarnação. 4. Equilíbrio. I. Título.

CDU 133.9

Bibliotecária responsável Kátia Rosi Possobon CRB10/1782

Copyright © Daniela Neves Santos, 2014.

Todos os direitos desta edição reservados a
Edições BesouroBox Ltda.
Rua Brito Peixoto, 224 - CEP: 91030-400
Passo D'Areia - Porto Alegre - RS
Fone: (51) 3337.5620
www.besourobox.com.br

Impresso no Brasil
Novembro de 2014.

Dedico este livro a todos aqueles que, de uma forma ou de outra, sentem em seus corações que todos, quer sejamos animais, vegetais, minerais ou humanos, participamos de uma jornada evolutiva em busca de nós mesmos e de uma firmação e aprendizado no aqui e no agora. O ontem e o hoje se fundem em um só corpo, e é o formato desse corpo que vibra no agora.

SUMÁRIO

Agradecimento 9
Alma inquieta 11
Objetivo deste livro 13
A visitante coruja 15
Chegou a hora 19

PARTE 1 – EM UM MUNDO REAL E TRIDIMENSIONAL 23
1. Minha amiga laranjeira 25
2. Os olhos de Paloma 30
3. Scooby, o cachorro falante 33
4. Meu amigo Max 38
5. Chico, o macaco 41
6. Canela, a gata borralheira 44
7. As revoadas dos papagaios 49
8. Toquinho, o cachorro que gostava de leitura 51
9. A senhora tartaruga 56

PARTE 2 – RELATOS PSICOGRAFADOS 59
1. Sofia e os girassóis 61
2. Simplesmente rosas 97
3. A larva e a aranha – A cedência 102
4. Miguel e o cão 104
5. Lucélia e os pássaros 108
6. Abdala e o cão negro 135

PARTE 3 – RELATO DOS LEITORES 141
1. Pitti 143
2. Tandi 144
3. Meu gato Musachi 145
4. Quem são os "amigos que não são gente" 147
5. Cães abandonados 149
6. As lições do João-de-Barro 151
7. Xodós da Marli 153
8. Micheline e Cruel 159

PARTE 4 – PRÁTICAS DE
            TRANSFORMAÇÃO PESSOAL 161

Agradecimento

Agradeço, do fundo do meu coração, aos olhares das almas inquietas que me conduziram nestes escritos, assim como aos numerosos amigos que me enviaram suas experiências junto a seus amados seres.

Não posso esquecer-me de agradecer ao meu amado e falecido pai Vanderlan Donini Neves, que ajudou a florescer dentro de mim o amor aos animais e, por extensão, a todos os seres. Ainda posso ouvir suas gargalhadas ao se abraçar na nossa cadela Paloma nos momentos saudosos em que todos nos sentíamos um só.

Aos meus compreensivos e amorosos marido Antonio Luiz e filhos Luis Felipe (19 anos), Arielle (16 anos), Gabriel (14 anos) e Luccas Jones (10 anos), que me permitiram e me instigaram em mais esta jornada descritiva de energias.

A todas as energias divinas e transformadoras que estiveram e estão comigo: obrigada Damião, Natan, Tereza, Sofia, Miguel e Rosa, e todos os amigos anônimos, mas perceptíveis enquanto eu escrevia.

Obrigada de coração,
Daniela Baptista Neves Santos

Alma inquieta

E quem são os bichos?
Os minerais...
E onde eles estão?
Nos vegetais...
Possuem energia?
Interativa
Será que temos um pouco de cada um?
Homens
Animais
Vegetais
Minerais!
De cima para baixo ou debaixo para cima?
De trás para frente ou de frente para trás?
Fui pedra? Será que fui árvore? Ou será que fui um gato?
Enfim, ser humano?
E o que é ser... humano?
Como cheguei aqui?
De grau em grau...

Entre "ires" e "vires"...
Dentro de muitas memórias...
Que foram formando quem sou.
E quem sou?
Sou um emaranhado de existências.
Existi no mar, no ar e na terra...
Vibrei em multidimensões...
Aprendi com cada uma delas...
Fui vento...
Fui águia...
Fui liberdade...
Coexisto entre o ontem e o agora...
Sou formador do amanhã...
Sou homem... Carrego comigo lembranças perdidas.
Acesso-as inconscientemente...
Fui rato...
Fui gato...
Um vulcão...
E um punhado de terra...
Precisei de todos para chegar aqui!
Sou homem... sou bicho... sou terra... sou água...
Sou alma inquieta!

Objetivo deste livro

Olá, querido e amigo leitor, mais uma vez nos encontramos aqui, juntos e imersos em um mundo que já conhecemos, mas que, muitas vezes, deixamos de visualizá-lo e compreendê-lo porque estamos imersos em problemas reais e imaginários de nossas próprias vidas.

Por muitas jornadas já passamos, eu e você, nesta vida. Com certeza, já vimos muitas pedras, muitas montanhas, assim como muitos mares, animais de todos os tipos, coisas que lhe trouxeram boa impressão, e outras que lhe deram medo. Um gato, por exemplo, para uma pessoa é tudo de bom, para outra, transmite medo. Acredito que toda esta relação de gostar ou não, de acreditar ou não, de sentir ou não, está embasada em nossas memórias energéticas. Cada um tem as suas em particular, que ficarão veladas até que acionemos o despertar de nossa consciência íntima e amorosa.

O objetivo deste livro é interagir, apoiar, cuidar, conscientizar, compartilhar, resgatar e amar, além de despertar todos os outros sentimentos que se processarão dentro de você. *Amigos que não são gente* é uma forma de resgatar nossas memórias nos diferentes reinos, além de nos ajudar a conhecer as diferentes histórias, de diferentes pessoas que encontraram apoio nas mais variadas espécies de seres. Tenho certeza de que, aqui, você encontrará um Universo que também é seu. Entre estas linhas, há o cão perdido que já alegrou os seus dias, ou, quem sabe, o pássaro que tornou aquele passeio mais lindo ainda, ou, ainda, o amigo gato que, enquanto você chorava, miava e ronronava à sua volta, ou, mais além, o botão de rosa que sorri para você todas as manhãs, quando você abre a janela do seu quarto. Aqui encontramos parte de nós, com o objetivo de reintegrarmos a nossa verdadeira essência, mesmo neste mundo tão atribulado e minucioso.

O homem, o animal, o vegetal e o mineral são diferentes entre si, mas todos fazem parte de um ciclo evolutivo e energético. A interação entre os seres é um dos motivos da vida. Todos, em sintonia e em vibração, fazem da música uma bela canção. Há vários exemplos que podem ser citados que abrilhantam este compartilhar e que nos mostram o quanto é preciosa tal interação. Como são saudosas as obras de Monteiro Lobato, nas cenas de Sítio do Picapau Amarelo, em que os vários personagens, de diferentes reinos, interagiam! Quanta fantasia criada ali fez sorrir uma criança e tornou o seu dia – quem sabe a sua existência – mais mágico. Observe o apoio que muitos cachorros dão aos cegos, lhes guiando e lhes conduzindo, além das demais formas de resgatar esta energia, que, neste momento, não consigo trazer à memória. Quem sabe você consiga lembrar.

Gostaria que *Amigos que não são gente* inspirasse as pessoas a escreverem suas histórias, criando uma grande rede que possibilitasse o lançamento de mais e mais livros nesta linha, viabilizando arrecadar, assim, subsídios para ajudar estes amigos que, muitas vezes, passam despercebidos por nós. Então, amigo(a) leitor(a), inspire-se! Relembre com carinho de alguma situação singular, engraçada, emocionante, e registre uma história especial com o seu animal de estimação, com a árvore da sua vida, com a sua pedra da sorte, e envie para o email (amigosquenaosaogente@gmail.com) para que este seja o primeiro de muitos livros. Pretendo estipular um percentual financeiro para distribuir para os animais que precisam, a fim de ajudá-los tanto na alimentação quanto no abrigo, além promover e prevenir sua saúde. Talvez eu sonhe demais, mas talvez você sonhe comigo e, então, sonharemos juntos. Eu, sozinha, sou muito pequena, mas com você, seremos imensuráveis.

Obrigada! Um beijo em seu coração,
Daniela Baptista Neves Santos

A VISITANTE CORUJA

Era noite, em torno de 23 horas. A lua estava redonda e iluminada – parecia uma grande bola de cristal. Lembro-me que, em especial naquela noite, em que eu voltava do meu espaço terapêutico, a lua me atraía imensamente. Do vidro do carro, ela já estava incomparável. Uma vontade crescente envolvia meu corpo. A vontade era de chegar em casa e poder meditar. Eu costumava, nas várias fases da lua, meditar à sua frente, em sintonia com a energia que ela estava gerando na Terra, nos astros e nas pessoas.

Naquela noite, eu estava inquieta. Meu coração teria de escolher qual dos meus livros, que já estavam escritos, eu lançaria. Eu acabara de lançar *Caminhos de Morte e Vida*, e outros já estavam escritos há anos, mas o que eu realmente necessitava, naquela hora, era decidir qual deles lançaria primeiro. A meu ver, todos eram importantes. E agora?

Tal escolha me deixava inquieta. Cheguei em casa. Inusitadamente, todos já estavam dormindo, com exceção de meu marido, que ainda estava no trabalho. A noite estava silenciosa e brilhante. Meu canto de meditação, que fica no pátio da minha casa, me chamava.

Minha cadeira de meditação fica embaixo de uma grande samambaia. Fui até lá e sentei-me. A meu lado, pimenteiras, lírios, azaleias e outras folhagens aromáticas.

Orei e aquietei o meu coração enquanto me preparava para me entregar à prática da meditação. Pedi que os amparadores me orientassem sobre qual livro editar primeiro. Orei e me entreguei. Fechei os meus olhos e me pus a meditar. Lembro que meu corpo se elevou no plano gravitacional. Cores de todos os tipos e energias multicoloridas vibravam comigo. Os amparadores me levaram para um grande templo e, na porta deste, havia dois enormes leões. Eles pareciam ser os guardiões do templo. Acredito que era a resposta que eu procurava, que eles estavam plasmados assim, como leões, para que eu ativasse a energia do livro *Amigos que não são gente*. Mesmo assim, continuei. Adentrei cabisbaixa para não atrapalhar quem meditava. Senti-me impura.

Escolhi sentar-me no canto esquerdo da construção. Observei que duas grandes águias, quietas e esguias, se posicionavam a meu lado. Eu ficara entre elas. Estranhei. As águias também me remeteram ao livro *Amigos que não são gente*. Será que estava sonhando ou meditando? Aquietei-me. Tive a certeza de que estava meditando e que apenas uma parte de mim estava naquele lugar. Eu meditava dentro da minha meditação. Meu corpo físico meditava na Terra, na terceira dimensão, mas meu corpo meditativo energético estava no templo, em outra dimensão. Ali eu fiquei, até que algo me despertou da segunda meditação. Uma grande coruja fazia movimentos na minha frente. Todos abriram os olhos e ouviam atentamente o que ela dizia. Fiquei nervosa. Eu não entendia o que ela falava. Pensei em levantar e sair. O que eu fazia ali? Sem entender? Foi aí que uma das águias se transformou em Damião. Ele se aproximou mais ainda de mim, olhou nos meus olhos e disse-me: "Ouça com o coração. Acesse a memória animal que há dentro de você". O olhar de Damião era tão penetrante que eu podia ver a grande águia dentro dele. E mais, pude ver a mim mesma dentro daqueles olhos. Ele era eu. Eu era ele. Nós éramos a águia.

Mais uma vez, silenciei. Ainda não conseguia entender e ouvir o que a coruja dizia, mas sentia que suas palavras transmitiam muita paz para todos que vibravam ali. O meu interior pressentia que muitos ensinamentos velados e preciosos estavam sendo repassados. Agradeci por estar ali, por receber mais uma graça de Deus. Emocionei-me.

De repente, voltei ao meu corpo. Algo me puxou para a Terra. Abri os olhos, quase que em susto. Deparei-me com uma grande coruja mexendo suas asas e olhando diretamente para mim. Sim! Uma grande coruja estava à minha frente, de verdade! Ela me olhava fixamente, balançava suas enormes asas. Fiquei tão em dúvida com aquilo que me belisquei. Será que estava sonhando? Não, eu realmente estava ali, no pátio da minha casa, sentada no meu canto de meditação. A coruja permaneceu ali por alguns minutos. Minutos inesquecíveis e reveladores. Chorei. Que lindo tudo aquilo. Uma coruja, aqui?! Loucura ou realidade? Resolvi me levantar. Precisava chamar um de meus filhos para ver. Eu não podia gritar, pois assustaria a coruja. Levantei. Meu movimento fez a coruja voar para o telhado do vizinho dos fundos. Ela mexia a cabeça para cima e para baixo. Arrependi-me de ter levantado. Senti que perdi, ali, um grande ensinamento. Por que eu queria provar para alguém que a coruja estava ali? Resignei-me e agradeci, sorridente, por mais um aprendizado e pela resposta que os mentores tinham me dado: Lançar *Amigos que não são gente*.

Aqueles animais, leão, águias, coruja, assim como o amor de Damião, colocavam-me na energia verdadeira e transcendental deste livro.

A coruja se foi, deixando comigo uma verdadeira história para contar. Meu marido chegou e fui correndo contar-lhe sobre a minha visitante coruja. Ele viu nos meus olhos a veracidade da experiência que eu acabara de ter e se se emocionou comigo, sentiu comigo o que eu acabara de captar. Eu contei esta história para amigos várias vezes. Percebi que ela causava estranheza aos que ouviam. "Será que foi verdade?" – eles me perguntavam. O que você acha, amigo leitor? Você consegue sentir em seu coração esta história? Sinta-a, e depois me conte.

Chegou a hora

Tudo foi em um sonho. Um sonho que me puxava e me acordava para uma nova vida dentro da que eu já tinha. Era um domingo de Sol e parecia que este Astro falava comigo: "Levanta... Acorda... Escreva... Vamos Lá...".

Coloquei-me a escrever e a lembrar, ou melhor, reviver. O meu coração doía, ardia, mas se aliviava! É chegada a hora, não posso mais adiar! Meus amigos, nossos amigos, me chamam!

O sonho que iniciou este livro

Estava em um local alto, quase uma colina. Um lugar lindo, cheio de verde e liberdade. Lembro que havia muitas árvores e que eu me sentia em casa. Vi-me como quando eu tinha sete anos, uma menininha feliz e livre. Tudo era muito real.

Apareceu uma senhora para conversar comigo. Sua fisionomia era igual à de uma velha benzedeira da cidade de Butiá. Lembro que, quando eu era criança, eu tinha medo dela, porque ela tinha um papo embaixo do pescoço e todos diziam que ela era bruxa.

Seguidamente, eu e meus primos íamos a sua casa para nos benzer. Agora, me reportando àquela época, lembro que eu sentia um tipo de medo misturado com um mistério, mas, ao mesmo tempo, sentia algo muito bom nos olhos dela, como sabedoria e muita Paz. Isso me fazia voltar lá para me benzer muitas vezes, até mesmo sem ter motivo. Foram estes mesmos olhos que me conduziram na viagem em meus sonhos!

A senhora me perguntou, severa, o que eu fazia ali. Ela disse que eu não podia ficar somente em lugares bons, que eu teria de sair dali, que estava na hora de encarar. Ela me olhou com seus olhos cheios de vida e eu entendi. Estava na hora de ir, mesmo tendo de visitar lugares feios e sujos. Eu não podia ser egoísta a ponto de negar esse grandioso aprendizado.

Ela me conduzia. Eu ia. Sem medo, apenas ia. Não sabia aonde iríamos, mas meu coração batia e confiava!

A CASA VELHA

Não sei como, mas estávamos em frente a uma casa velha, quase caindo. Parecia que, se abríssemos a porta de entrada, tudo desabaria. Sentia que a casa estava esperando por nós, que teríamos de entrar ali.

Olhei para as janelas e pensei em pular, assim não teria o perigo de a casa desabar quando a porta fosse aberta. Então, a senhora gritou, com a linguagem de seus olhos: "Não, não! Temos que entrar pela porta. Não há outro caminho." Então, eu quis ser uma lagartixa, assim passaria pela fresta da porta. Ela, novamente, com seus olhos reluzentes de sabedoria, negou meu desejo.

Por alguns instantes, observei a casa inteira – as janelas, a porta, a madeira envelhecida de sua construção, as telhas bem antigas. Senti uma força no peito, uma vontade enorme de descobrir sobre aquela casa. Olhei para a senhora e segui sozinha. Parecia que meu coração batia em minhas próprias mãos. Quando ergui a mão para agarrar a maçaneta, a porta se abriu, como se abrindo meu coração.

Lá dentro, o Universo desconhecido, o Tempo perdido, os Amigos encontrados! "Era uma casa muito engraçada", era como na canção que eu amava quando criança, e ainda amo, e que fez parte da minha vida por todos esses anos. A porta se abriu e um lindo jardim apareceu!

O JARDIM ENCANTADO

Era um jardim maravilhoso, um campo aberto em que o Sol resplandecia, brilhava com alegria. Lá havia muitos sorrisos, muitos sorrisos de nossos irmãos animais. Era como se eles estendessem suas mãos para mim. Sentia que os animais estavam me esperando fazia tempo, e que desejavam muito aquele momento. Juntos, trocamos confiança, eu e eles, eles e eu.

O lugar era imenso e imerso em Sol e em animais! Os cavalos mexiam a cabeça, como se me chamassem. Eu podia ouvir seus relinchares me chamando. Eles batiam com uma das patas, me dando boas-vindas. Os cães balançavam seus rabos, pulavam, latiam, sorriam. Pareciam muito alegres! Os peixes pulavam como se estivessem dançando em uma festa. Os pássaros revoavam sobre minha cabeça. Lembro que até as tartarugas colocavam suas cabeças para fora do casco, como se acenassem.

PERDIDA NAQUELE MOMENTO

Eu fiquei ali, perdida naquele momento. Eu não despertei no astral. Não me dei conta de que estava em outra dimensão, mas trouxe comigo grande parte do que vivenciei inconscientemente.

Não sei de onde, apareceu um senhor, com a barba curta e bem branca, olhos muito profundos e negros, e sobrancelhas cerradas. Ele trazia um cheiro suave de laranja, isso mesmo, de pé de laranjeira.

Ele segurou minhas mãos. Tinha um sorriso quase mágico. Foi uma das sensações mais puras que senti na minha vida. Ele me disse exatamente isto: "Nós estávamos há muito tempo te esperando... Seja bem vinda, Daniela".

Senti que quase havia me atrasado, uma dorzinha no meu peito, uma lágrima quase caindo, uma vergonha se instalando. Disse-me ele: "Não dá mais para esperar! É chegada a hora!".

O Sol, daquele domingo, e toda a energia do sonho me impulsionaram a escrever este livro, com o objetivo de conscientizar meus irmãos homens que nosso Universo precisa de ajuda, e que um dos primeiros caminhos é o Amor.

A viagem da minha vida havia começado. Havia chegado a hora! Espero que compartilhem comigo destas histórias reais de animais, árvores, pássaros, aranhas, e entrem em sintonia com o Universo Encantado que é a Vida. Compartilhem comigo desta viagem, amigo leitor. Nós somos os passageiros e nós fazemos a nossa trajetória.

PARTE 1
EM UM MUNDO REAL E TRIDIMENSIONAL

1
Minha amiga laranjeira

Eu tive muitos amigos na minha infância. Cachorros, macacos, crianças, adultos, livros. Eles fizeram parte do meu crescimento de diferentes formas. Alguns me ensinaram o amor involuntário e incondicional, outros, a corrida pela vida, a disputa por estar vivo.

Dentre tantos amigos, o maior, e o mais silencioso e inusitado, foi o que se destacou: um antigo pé de laranja que ficava no quintal da minha casa.

Ah, que saudade do meu pé de laranja, da minha laranjeira, da amiga que tantas vezes conviveu com minhas lágrimas, com meus sonhos e ouviu meus segredos! Não lembro como começou nossa amizade, acredito que tenha sido logo que comecei a subir nela. Talvez dos cinco aos catorze anos ela tenha sido minha confidente, sem substitutos.

Ela era frondosa

Minha amiga laranjeira, com suas folhas bem verdinhas, com seus galhos espessos e fortes que me permitiam caminhar por eles.

Lembro-me das vezes em que, querendo me esconder de tudo e de todos, eu subia nela e me perdia em seus galhos. Suas folhas tapavam-me por inteiro e, então, eu me sentia em outro mundo.

Outro mundo

Era tão mágico! Neste outro mundo, não havia as bebedeiras do meu pai, nem a tristeza da minha mãe. Lá não havia minha casa velha, quase caindo, e sim um lindo castelo que cheirava à laranjeira. Lá não havia tantas coisas para fazer, havia apenas o conforto de seus galhos nos quais muitas vezes eu dormi (não sei como nunca caí!). Era nesse mundo desconhecido, e só meu, que ela interagia comigo. Lembro muito bem que eu contava os meus segredos para ela e, lá no meu íntimo, sentia ela me responder, interagir comigo, e tudo era muito real.

O velho dentro dela

Era como se dentro dela morasse um senhor, bem velhinho, muito sábio, forte e bondoso. Cada vez que eu perguntava ou contava algo, ele me olhava nos olhos e me respondia, sempre tranquilo. Isso, de certa forma, me dava a paz que eu não tinha em minha realidade. Minha mãe vivia de um lado para o outro, cuidando de tudo, sozinha. Cada vez que eu olhava para ela, eu sentia sua tristeza, seus medos e sua revolta, e isso me doía. Então, eu subia na minha amiga laranjeira e me confortava em seus braços, já que não podia chorar perto da minha mãe. Eu achava que, se eu chorasse perto dela, ela ficaria mais fraquinha ainda. Assim, eu despejava minhas lágrimas na minha amiga, poupando minha mãe do meu sofrimento.

Ela era uma árvore como qualquer outra, mas quando eu subia nela, um universo novo se abria. Os galhos já não pareciam mais galhos, e sim escadas. As folhas não pareciam mais folhas, e sim tapetes que, quando o Sol ou a Lua batiam neles, tornavam o meu mundo ainda mais colorido.

O velho me ouvia e respondia

Eu me sentava nos grossos galhos da minha querida laranjeira; às vezes, até deitava – lembro que eu subia na árvore com um travesseirinho dentro das calças para não deixa-lo cair. Ali, o velho senhor conversava comigo, me confortava, me enchia de esperança. O amor e a paz que vinham dele me davam forças para não desanimar na vida tão difícil que tínhamos. Eu sentia que ele confiava em mim e, ao me transmitir essa confiança, eu seguia a minha vida muito mais segura.

Como ele era

Na minha imaginação, esse senhor que morava na minha laranjeira era baixinho, bem velhinho. Seus cabelos eram fartos e brancos, com entradas acima da testa. Suas mãos eram grossas, bem largas e com rugas, muitas rugas, mas a pele era macia, como se em volta destas mãos tivesse um halo verde florescente. Lembro que, enquanto conversávamos, ele colocava uma mão em cima da outra e ficava me ouvindo, atentamente. Seus olhos eram uma mistura de verde com azul, e às vezes ficavam negros, como se eles trocassem de cor de acordo com minhas emoções. Quando eu precisava de paz, os olhos dele estavam azuis, quando queria apenas conversar, estavam verdes e, nos meus momentos de desespero, eles estavam negros e me transmitiam força.

As sobrancelhas deste senhor eram bem grossas. Eram elas que me mostravam a sua experiência – totalmente brancas e avantajadas. O mais engraçado era que os pelos da sua sobrancelha não eram desgrenhados, todos se concentravam em uma mesma direção, eram perfeitamente alinhados. Eles me revelavam que eu podia confiar nele, que ele saberia me guiar. Seus olhos me confidenciavam que ele havia aprendido muito com suas vivências. Agora era a vez de ele me ajudar.

Não consigo me lembrar da boca do meu amigo, nem de seus dentes, porque eram os seus olhos que falavam comigo. Eu falava bem baixinho com ele, para que ninguém me ouvisse ou achasse que eu era louca por estar conversando com uma árvore.

Lembro que não eram os seus braços curtos que me abraçavam, eram os da laranjeira. Os braços da minha amiga me confortavam, me acariciavam e me transmitiam mais força. Era um carinho sem pena, e sim com segurança, como se o carinho me dissesse: vá, continue, não desista!

O INUSITADO

Ele era um senhor inusitado, cheio de luz, como a casa do meu sonho citado anteriormente. Para os outros, não passava de um pé de laranja, mas para mim era tudo.

Muitas vezes, lá em cima, no meu mundo, eu me sentia muito mais viva do que lá embaixo, onde tudo doía. Reporto-me ao meu revelador sonho, em que eu me encontrava em um lugar alto, no qual eu precisava sair para interagir com o mundo. Agora eu entendo que aquele lugar era o universo que eu acessava quando estava abraçada à minha amiga. Sinto saudade da pureza da infância e do acreditar no desconhecido, coisas que, infelizmente, se perdem com os problemas da vida.

E AS LARANJAS

Ao contrário do que se poderia pensar, suas laranjas não eram doces. Seus frutos rendiam maravilhosos sucos, mas não dava para comer a fruta pura. Veja só, que paradoxo, laranjas tão amargas abrigavam a história da minha vida e faziam parte do que de mais doce eu tinha: minha melhor amiga.

A DOR E O ARREPENDIMENTO

Um dia me ensinaram que, para que as laranjas ficassem doces era preciso dar uma surra de cinta na sua árvore, assim seus frutos nasceriam doces e em grande quantidade. Eu fiz isso em todas as árvores frutíferas da minha casa, inclusive em minha laranjeira. Senti que ela chorou, e doeu em mim. Por muitos dias, o velhinho não falou comigo, e a solidão tomou conta de mim. Lembro que fiquei de cama, com febre e dor de garganta. Minha mãe não sabia o que era. Era apenas saudade e arrependimento de ter batido no meu pé de laranjeira.

Perdão

Resolvi pedir perdão, abracei minha amiga. Foi então que o velhinho voltou, me abraçou e disse: "A mesma mão que bate, se fere". Nunca mais bati em árvore alguma. A partir desse episódio, começou a minha prática de abraçar as árvores. Havia ficado braba comigo mesma, porque a tal da simpatia resultou em um ano sem frutos.

Hoje não moro mais naquela casa. Não sei se a laranjeira está viva. Às vezes, tenho vontade de ir até lá, ver se a encontro e, caso a reveja, pedir aos novos donos da casa para abraçar a minha árvore, mas algo ainda me impede de fazê-lo. Talvez o mesmo medo de quando eu era pequena: que me chamem de doida!

2
Os olhos de Paloma

Muitos anos se passaram entre os escritos de papel e a vida existencial de Paloma. Muito mais de trinta anos. Hoje, tenho 39, quase 40 anos. Minha história com PaIoma se passou entre meus seis e oito anos, não mais do que isso.

Paloma era uma cadela perdigueira, que me acompanhou entre as alegrias e os sofrimentos de minha infância. Lembro-me que ela expressava um olhar materno e compreensível que me tocava profundamente a alma. Ela era dócil, carinhosa, preguiçosa e amiga.

Quando eu era pequena, eu adorava fingir que tinha cabelos longos. Lembro-me que colocava uma fralda branca em minha cabeça ou uma grande toalha, e estas eram os meus vastos cabelos imaginativos. Ah, como me sentia bem com eles! O melhor de tudo é que colocava também na Paloma uns longos cabelos. Ela parecia entender e corria comigo, de um lado para outro, balançando os "cabelos". Ambas éramos grandes amigas. Amigas de brincadeiras, cujo universo real compartilhava acontecimentos e sensações com o imaginário.

Muitas vezes, eu não tinha tempo para brincar. Desde muito cedo, sempre ajudei minha mãe nos afazeres de casa. Nossa situação financeira declinava, na medida em que eu crescia. Meu pai, por mais que se esforçasse, não conseguia se liberar do vício do álcool, e minha mãe sustentava a casa praticamente sozinha com seu pouco, mas abençoado, salário de professora. Às vezes, meu irmão Anderson e eu tínhamos de lavar garrafas de vidro para vendermos em um depósito de bebidas. As garrafas garantiam um pouco mais de comida na nossa mesa. Minha mãe sempre foi discreta, e muitos de nossos familiares nem suspeitavam o trabalho que estávamos passando. Apesar de tudo, eu ainda era uma criança e tinha uma amigona, a Paloma. Lembro que enquanto eu fazia as coisas da casa, ela chorava, resmungava. Eu dizia: "Fica quieta, Paloma, depois a gente brinca!". Ela ficava ali, em volta de mim até que eu desse um apertão, suave, nas orelhas dela. Ela amava quando eu apertava suas orelhas, em sinal de carinho. Aonde eu ia, ela ia. Às vezes, eu tinha de enxotar ela, senão, ela entrava em casa e minha mãe não gostava.

Quando estava calor, tomávamos banho de mangueira juntas, e a Paloma se entregava em brincadeiras. Eu juro, ela sorria. Sim, nossa cadela sorria, até mostrava os dentes. Pena que não tenho uma foto para provar, mas meu coração consegue reviver a lembrança do sorriso da Paloma aqui e agora.

Os olhos dela me acompanhavam onde quer que eu fosse, e me confortavam nos momentos difíceis. Lembro que, quando eu subia no meu pé de laranjeira, ela dava umas voltinhas em torno do próprio corpo, se espreguiçava, sentava no tronco da árvore e ficava me esperando. Quando ela queria algo, me chamava. Até o latido dela era diferenciado. Tinha um latido para cada situação.

Ela também adorava descer no escorregador. Quando éramos menores, meu pai, apesar de muito ausente, mandou fazer um escorregador e alguns balanços para nós, em frente à nossa casa. Era maravilhoso! Tínhamos nossa própria pracinha e recebíamos muitos amigos por causa disso. Muitas crianças passavam pela nossa casa e choravam para entrar no nosso pátio porque queriam andar de balanço. Nós sempre deixávamos. Hoje, eu percebo o quanto aqueles brinquedos foram importantes na minha infância.

Paloma e eu brincávamos e cuidávamos uma da outra. Até que ela foi ficando muito magra. Meu pai disse que ela estava doente. Lembro que minha mãe tentou dar remédios para ela, mas em pouco tempo ela se foi. No dia da morte de Paloma, ela me olhava sem desviar os olhos. Era uma tardinha bem fria, me lembro como se fosse hoje. Coloquei um papelão ao lado de onde ela estava deitada, peguei um cobertor e cobri-nos. Ela me olhava. Eu pedia para ela: "Não morra, minha amiga!". Ela tentava levantar uma das patas, como se para me fazer carinho, mas não tinha mais forças. Seu olhar me mostrava tristeza. Ficou tarde e tive de entrar para dormir. Olhei profundamente para Paloma. Abracei-a. Algo me dizia que ela morreria naquela noite. Então, eu agradeci a ela por tudo o que tínhamos passado juntas. Lembro que eu a beijei... a beijei, a enchi de carinho. Juro que, quando a olhei, percebi que lágrimas caíam dos olhos dela. Eu tinha apenas oito anos, mas senti aquelas lágrimas com uma tremenda dor.

Durante a noite ela se foi e, na tarde seguinte, lembro muito bem, eu e meu pai enterramos nossa amiga. Meu pai também chorava, e me dizia que me daria outro cachorro, mas eu não queria, eu queria somente a minha amiga.

Eu ainda choro ao escrever isso. Me dói profundamente a perda de minha amiga, mas sei que um dia nos encontraremos na senda da evolução dos seres. Talvez já estejamos juntas em algum formato de energia. Essas cenas fazem parte da minha vida, e o companheirismo dessa amiga, com certeza, me fez desenvolver mais e mais amor dentro de mim.

3
SCOOBY, O CACHORRO FALANTE

Scooby era filho de Pandora, uma cadelinha Pincher que Arielle, minha filha, ganhou de nossa grande amiga-irmã Jenifer. Pandora era serelepe, medonha e fujona. Em uma dessas escapadelas, ela ficou prenha. Foi assim que veio o Sr. Scooby. Saiu do ventre de Pandora com mais três irmãozinhos. Ele foi o último a nascer. Era pequenino e fraquinho. Sandra, minha tia, e Arielle ajudaram no parto e tiveram de limpar Scooby ao nascer, pois sua mãe deixara-o de lado. Tia Sandra dizia, sorrindo: "Este cachorrinho vai ser como a história do Patinho Feio. Se crescer, ficará lindo". E foi bem assim. Ele não cresceu muito, mas ficou lindo!

Lembro que meus filhos Arielle e Gabriel se revezavam para alimentá-lo. Ele foi totalmente rejeitado por Pandora, então, nós íamos fazendo o papel dela. Ele se tornou o irmãozinho dos meus filhos. Em pouco tempo, ele crescia e corria com as crianças.

Arielle ensinou-lhe muitos sons. Ela cantava alto e ele a imitava. O som que ele emitia era cada vez mais parecido com o que ela ensinava. Era lindo de se ver, ela fazia determinado som e ele imitava, na mesma sintonia. Dizíamos para todos que nosso cachorro falava e, para nós, ele realmente falava.

Scooby se tornou não apenas só mais um cachorro da nossa família, mas também o melhor amigo do Gabriel. Eles estavam sempre juntos – aonde o Biel ia, o Scooby acompanhava.

Scooby era medonho, mas quando ainda era fraquinho, ele caiu de um lugar alto. Sua patinha direita ficou com um pequeno defeito e ele ficou perneta para sempre. Era engraçado ver aquele cachorrinho mancando, pulando, cantando e alegrando a todos. Sua alegria era contagiante.

É interessante poder observar que muitos animais têm o poder de transformar contos de fadas em realidade. Por isso, é importante salientar que, para nós, Scooby não era apenas um cachorro, era mais do que isso, era nosso amigo, nosso companheiro de risadas e o melhor "falante". Parecia que entendíamos o que ele queria dizer – e acredito que entendíamos. Tudo isso fazia parte da nossa realidade.

Um dia, Scooby sumiu. Ficou desaparecido por nove meses. Gabriel ficou muito doente com o sumiço dele. Não sabíamos mais onde procurá-lo. Por muitas noites, ele acordava chamando pelo seu amigo e depois chorava, me perguntando: "Mãe, por que o Scooby se foi?" Eu não tinha respostas para ele e acabava chorando junto. Todos nós estávamos muito tristes pela partida do nosso amigão.

Até que, um dia, alguém me falou que havia visto um cachorrinho com as características do Scooby, na cidade vizinha. Não dei muita importância, pois, como ele estaria a uns 40 km de distância? Achei impossível que fosse o nosso Scooby.

O SONHO

Três semanas se passaram. Em uma madrugada de sábado, sonhei com o Scooby. Ele falava comigo. A sensação foi tão forte que acordei com o cheiro dele em mim. No sonho, ele latia, me chamava com a cabeça, pedia que o seguisse.

Quando amanheceu, acordei o Gabriel. Contei o sonho para ele, e disse-lhe: "Filho, vamos encontrar o Scooby hoje". Eu tinha certeza absoluta de que o encontraríamos. Arielle ainda dormia, mas tratamos de acordá-la. Ela vibrou conosco. Gritava: "Então, vamos agora!".

A BUSCA

Pegamos o carro e fomos. Enquanto eu dirigia, nós cantávamos e combinávamos o que faríamos quando encontrássemos nosso amigão. No entanto, eu senti um arrepio ao pensar como seria se não o encontrássemos. Estaria eu gerando um conflito doloroso nos meus filhos? Mas eu orava e confiava. Iríamos encontrá-lo. A veracidade energética do sonho me dava a certeza de que o encontraríamos.

Chegamos na outra na cidade. Oramos todos juntos. Pedimos que Deus nos orientasse por onde começar, em qual rua ir. Fechei meus olhos e vi a imagem do sonho que tive com Scooby. Senti que estávamos perto. Ainda no carro, passamos de rua em rua. Parecíamos loucos chamando por ele. Vez ou outra Arielle e Biel uivavam ou cantavam, como faziam para ele. Ríamos de nós mesmos. Estávamos felizes, mas nada do Scooby.

Depois de algumas ruas e chamados, convidei meus filhos para descermos do carro e entrarmos em uma rua que estava interditada, pois estava sendo asfaltada. Tive inexplicavelmente imensa vontade de ir ali. Combinei com as crianças que perguntaríamos para as pessoas se tinham visto um cachorrinho com as características do nosso.

Adentramos a tal rua. Subimos em umas grandes pedras de construção. Em frente a uma casa de esquina, tinha um senhor de meia idade. Fui até ele e perguntei se, por acaso, ele não tinha visto um cachorrinho (dei as características do nosso amigão). Contei que fazia mais ou menos nove meses que ele havia fugido de nossa casa em São Jerônimo, cidade ao lado daquela. Comentei que o nome dele era Scooby e que mancava da patinha direita. Enquanto isso, as crianças iam e vinham na rua, gritando e cantando o nome dele.

O homem ficou branco. Deve ter achado que eu era maluca, por estar procurando um cachorro desaparecido há tanto tempo e, além disso, na cidade vizinha. Ele olhou no fundo dos meus olhos e me disse que há mais ou menos nove meses pareceu ali um cachorrinho com as características do nosso. Relatou que ele mesmo o tinha dado à sua sogra, que morava nos fundos de sua casa, e mais do que isso, que o chamavam de Scooby. O senhor nos contou que, naquela mesma tarde, estaria levando o cachorrinho para Porto Alegre. Sua sogra havia falecido fazia sete dias e, desde então, o Scooby não comia nada, por isso estava muito doente. Disse-nos, inclusive, que Scooby já era pai de cinco cachorrinhos.

O senhor olhou firmemente para nós, principalmente para as crianças. Suas mãos tremiam. Ele estava apreensivo, mas nossa história era tão pura e verdadeira que ele não tinha dúvidas. Pediu para que aguardássemos que buscaria nosso cãozinho. O homem retornou com Scooby enroladinho em uns panos. Ele parecia um bebezinho. Tremíamos de felicidade! Arielle e o Biel começaram a gritar por Scooby e ele voou do colo do homem e veio em nossa direção gritando, pulando, uivando e cantando. Ele, frágil, tirava forças sabe-se lá de onde para nos lamber e fazer festa. Nos abraçamos e choramos de emoção. Até o senhor se juntou a nós. Agradecemos e fomos para casa.

Levamos o nosso amigo de volta para o seu lar. Scooby gritou, latiu e cantou a viagem inteira, indo em cada um de nós e nos lambendo. Ao chegar em casa, após reconhecer cada canto do seu lar, ele recuperou as forças com o tratamento cheio de amor que dávamos para ele, com muita comidinha e descanso.

A DESPEDIDA

Após seu retorno, Scooby permaneceu em nossas vidas, nos alegrando e sendo nosso companheirão, por menos de um ano. Infelizmente, ele faleceu de parvovirose. É com lágrimas nos olhos que me lembro da última tarde em que passamos juntos. Só eu e o Scooby.

Era uma tarde fria inverno. Scooby se aninhou em meus pés. Ele me olhava atentamente. Seu olhar estava diferente, havia algo novo. Perguntei para ele: "O que foi, Scooby?" Depois, falei a língua dele, a fim de animá-lo, e ele não repetiu. Percebi que não estava bem. Peguei-o no colo, todo o corpo dele tremia. Coloquei-o no chão e ele não conseguia ficar em pé. As crianças iam chegando. Levamos Scooby ao veterinário, que nos disse que não tinha jeito, que Scooby estava tomado pela doença. Só o que tínhamos a fazer era esperar. Decidimos deixá-lo na clínica, para que ele fosse mais bem assessorado. Naquela triste madrugada, nosso amigo nos deixou, deixando saudades e a certeza de que ele era um de nós. Enterramos seu corpo, oramos para que Jesus o conduzisse para luz e para que, quem sabe um dia, em um retorno divino, pudéssemos nos reencontrar.

4
MEU AMIGO MAX

"Sai, Max, sai! Cachorro fedorento, sujo! Sai, Cachorro!" – Foram as últimas palavras que eu ouvi antes de ir embora da cidade, no interior do Rio Grande do Sul, Minas do Butiá.

Ah, se eu pudesse levá-lo comigo... Mas nem meu ele era! Dócil Max, quanta saudade... É com lágrimas e muita gratidão que escrevo sobre você.

Devem ter se passado pelo menos cinco anos que nunca mais te vi. Não sei como foi tua morte, tampouco como foram os teus dias depois de mim. Não soube mais nada, mas sei, de coração, o quanto você foi importante para mim.

Vamos lá, meu amigo, onde estiver a sua energia, me ajude a contar a nossa história...

Ele era assim

Meio pequinês, meio vira-lata, de cor amarelo-queimado com o peito todo branco. Com os anos, seu peito foi ficando marrom e o peito amarelo. Os dentes eram pequeninos, lembro que bem cariados. Só agora me dou conta de que conheci o Max já velho. Ah, meu amigo, será que um dia você foi jovem? Desde que te conheci, seus dentes já eram falhados e pretos.

O velho Max

Ele era um cachorro velho com a disposição de uma criança sapeca. Ele pulava, latia, corria e brincava. O Max nunca se esqueceu de me buscar, nunca se atrasou e, sempre que pôde, me acompanhou.

E quem era ele?

Max era da minha tia. Na cidade de Butiá, naquela época, as casas ficavam bem próximas umas das outras. A nossa casa dividia a cerca com a da minha tia. Então, o Max morava praticamente nas duas casas.

Sempre senti que ele não era meu. Tal propriedade se fazia desnecessária, já que ele era o meu amigão.

Vamos à história.

Estudei no Grupo Escolar Mauá da primeira à quarta série, nesta cidade. Até hoje me lembro das cores e das professoras que me deram aula (a vocês, muito obrigada!) nesta escola.

Na primeira série, meu pai e minha mãe sempre davam um jeito de alguém me buscar, para que eu não viesse sozinha, já que eu era pequena e não morava tão perto de casa.

Na segunda série, as coisas lá em casa começaram a ficar difíceis e, muitas vezes, não tinha ninguém para me levar ou me buscar.

O acompanhante

Por poucos dias, fui e voltei da escola sem estar acompanhada por um adulto, pois o meu amigo Max se encarregou de me levar e me buscar na maioria das vezes. Na hora de ir para a escola, ele estava me esperando no portão de casa. Ele ia lado a lado comigo até o meu destino. Eu ia conversando com ele.

Depois que ele me levava, ele voltava para casa. Muitas pessoas testemunhavam e depois me contavam o percurso do Max. No entanto, o mais impressionante é que, quando chegava perto da hora de acabar a aula, ele retornava para me buscar.

Não sei como ele sabia, ou sentia, quando eu entrava e saía. Só sei que ele me levava e me buscava, sem nunca atrasar.

Eu mãe, pai ou amigo de carro me esperando em frente ao portão da escola, mas tinha sempre o gostoso latido do Max, com seu rabo balançando me mostrando que já estava ali. Eu me sentia tão bem... ele estava ali por mim!

Eu me exibia com o Max. Nenhum dos meus coleguinhas tinha um cachorro que os levasse e buscasse, e eu tinha... o meu amigão Max.

E ele me amava, disso eu tenho certeza. Nesta época, eu não tinha muita noção a respeito de dar comida e água para ele, muito menos dar-lhe banho. Hoje vejo que eu não fazia nada por ele e, ainda assim, ele me amava, sem ganhar nada de mim além de carinho e amizade. Lembrar esse sentimento, essa doação sem esperar nada em troca, me faz ter a certeza de que foi um amor incondicional.

5
Chico, o Macaco

Em uma noite chuvosa, meu pai chegou com um macaco dentro de uma caixa de papelão. Ele era muito pequeno. Meu pai disse que tinham lhe dado de presente durante uma viagem que tinha feito. Disse-me que o macaco era meu e que eu que teria de cuidá-lo. Minha mãe ficou alegre, mas preocupada, afinal de contas, o Chico seria mais um para comer lá em casa. Nossa, foi o melhor presente que eu havia ganhado até aquele momento. Ninguém tinha um macaco, mas eu tinha. Ainda lembro-me dos olhinhos assustados do macaquinho. Eu me sentia a mãe dele. Ele chegou muito resfriado, e eu cuidava dele com muito zelo. Chico se tornou mais um grande amigo que não era gente. Eu sentia um verdadeiro amor entre nós.

O Chico foi crescendo rápido, e os vizinhos passaram a reclamar de suas traquinagens. Ele subia nas taquareiras que tinham por toda a rua e fazia a maior bagunça. Eu, como tinha medo de que ele se perdesse, chorava e pedia a Deus que o trouxesse de volta, depois dos seus longos passeios pela rua. O macaco travesso gritava, me avisando onde estava. Ele saía para dar as suas voltas, mas sempre voltava para mim. Eu me sentia muito importante com aquela amizade.

O rabo do Chico foi crescendo e engrossando. Minha mãe tinha medo de que o rabo dele se enrolasse em mim e me sufocasse. Por muitas vezes, na madrugada, minha mãe pegou o Chico enrolado em mim, na minha cama. Ele ia dormir comigo. E eu simplesmente adorava aquilo. Eu dizia para ela não ter medo. As histórias de que os macacos enrolavam o rabo no pescoço das pessoas e as sufocava deixava minha mãe apavorada. Assim, ela resolveu pedir que meu Pai desse o Chico para uns amigos que moravam no interior, em meio à natureza, onde não tivesse perigo para ele. Chorei muito. Até febre me deu. Mesmo triste por estar longe do meu amigo, compreendi que seria melhor para ele uma nova morada. Depois que ele foi doado, eu nunca mais vi o Chico. Meu pai levou-o sem eu ver. Ele sabia que, se eu estivesse presente, abriria o berreiro.

Lembro que quando eu estava com febre de saudade do Chico, sonhei com um homenzinho todo verde. Ele me dizia que cada Ser tem um habitat, e que o de Chico não era comigo. Eu xinguei o homenzinho e ele me disse que um dia eu entenderia o que ele queria me dizer. Hoje eu entendo que animais são animais, homens são homens, mas também entendo que todos somos seres e vibramos no Amor. Todos somos irmãos, só estamos em diferentes sintonias de vibração corpórea. Todos nós partimos de um mesmo lugar e voltaremos para a mesma morada de nosso Pai. Cada estágio corpóreo representa determinados aprendizados. Para passarmos de um estágio a outro, precisamos aprender sobre tal ou qual reino. Ninguém é superior ou inferior a ninguém. Nenhum ser é superior ou inferior a outro. Tudo é necessário e evolutivo. Os animais não sofrem porque são animais, assim como nós não devemos sofrer por sermos humanos.

Chico me é lembrando ao escrever estas linhas pela força e carinho de seu olhar e de sua mão. Sim, o olhar do Chico era penetrante e me levava longe. Nós morávamos em uma pequena casa de madeira e, como muitas casas de madeira, além de velha, a nossa tinha vários buracos nas paredes. Quando tinha temporal, eu podia sentir o vento passando por aqueles grandes furos. Eu me encolhia em um cantinho do meu quarto e me agarrava no Chico. Lembro que ele ficava quietinho comigo. Uma mão dele envolvia as minhas costas e a outra agarrava na minha mão. Eu tinha medo dos raios e dos trovões. Quando vinha o barulho, o Chico fazia: "Huhuhu!". Eu dizia para ele: "Fala baixinho, Chico!". Parecia que ele entendia e fazia "Huhuhu" bem baixinho, para que minha mãe não ouvisse. Eu, entre o medo e a amizade, me divertia com o Chico. Ele era minha proteção. Lembro que todo o corpo do Chico também tremia quando surgia um trovão. Nunca saberei se ele realmente tinha medo ou se só me acompanhava no tremor do meu próprio corpo. O fato é que ele segurava na minha mão e olhava o tempo inteiro para os meus olhos. Aquilo me abrigava e me fazia sentir protegida por ele.

Hoje, adulta, reflito na importância que Chico teve na minha vida. Ele fez parte de um conto de fadas que, para mim, era real no meu crescimento. Até hoje eu me lembro dele quando há trovões, e ainda sinto sua mãozinha segurando forte na minha. O que posso fazer é agradecer a este ser maravilhoso por termos nos cruzado. Sei que a energia dele, onde ele estiver, estará vibrando com a minha.

6
Canela, a gata borralheira

Gata angorá branca, de olhos enormes e verdes da cor do mar! Falando assim, parece que ela era linda, porém, na verdade, quando a conheci, era a gata mais feia que eu já tinha visto, o verdadeiro "conto ao inverso". Ela tinha tudo para ser uma princesa, mas era apenas uma gata borralheira.

Essa gatinha, que parecia bem velhinha, foi encontrada abandonada, na rua, em um dia muito quente de verão. Avistei o bichinho encolhido, tão encolhido que, de início, achei que fosse uma sacola plástica. Fui adiante, podia não ser o que parecia, e realmente não era. Passei por ela. Dei ré e voltei. Ela estava quase no asfalto. Mais um pouco, os carros passariam por cima.

Quase sem forças

Ali estava ela, quase sem forças. Toda suja, com o nariz sangrando, cheia de ferimentos pelo corpo. Ela não reagia ao meu toque. Mal abria os olhos. Ela não tinha forças para miar, saíam apenas grunhidos leves, mas que se percebia que eram de dor.

Coloquei-a no meu colo. Senti que mal respirava. Ainda pensei: "Um gato com asma? Hum, um gato com falta de ar... terei que ser rápida".

A viagem seguiu. Ela se aninhou no meu colo, cheia de carrapatos, escoriações, quase sem vida!

Fui direto à veterinária. O estado era grave. Ela ficou internada por quase quinze dias. Meus filhos e eu íamos visitá-la. A coitadinha não tinha forças para levantar. Para miar, então, nem pensar.

Seu pelo, aos poucos, foi clareando. As feridas foram secando, dando lugar à pelagem que renascia. Seus olhos se abriram mais, mostrando ainda mais o verde mar. Uma linda gatinha foi surgindo. Ela guardava consigo uma história dolorida, que até hoje não sei qual era. Pela sua dócil maneira de agir conosco, acredito que tenha tido donos na sua juventude e que, por ter ficado velha, tenha sido abandonada.

Os animais, muitos deles, mais do que a gente pode imaginar, são sacrificados ou abandonados quando ficam velhos e não servem mais para nada. Quando seus dentes caem e sua pelagem envelhece e amarela; quando os problemas de saúde começam e eles já não servem mais para passear ou fazer festa; quando não convém mais colocá-los na cama; quando não são mais troféus para serem exibidos, e sim um problema, uma incomodação, mais uma "coisa" para cuidar, e que não mostra nenhuma recompensa, então, são jogados fora, igualados ao nada!

Triste fim de muitos bichanos

Tem gente que diz: "É só um cachorro! É só um gato!". Contudo, para quem realmente os ama, para as pessoas que realmente sentem seus amigos e com eles interagem, eles não são apenas cachorros e gatos, e sim companheiros que nos ensinam e cuidam de nós. Eles merecem nosso respeito, não importa que forma eles tenham. Por algum motivo estão ou estiveram ao nosso lado.

Vale a pena salientar sobre a humanização dos animais. Converso com muitas pessoas sobre essa humanização. Por exemplo, pessoas são pessoas, animais são animais. Cada um com seu biótipo fisiológico, mental e espiritual. Podemos amar e interagir uns com os outros, sem substituir, romper ou fanatizar estas relações. Acredito que a vida e as existências físicas sejam uma grande simbiose de nós com o todo e, para isso, precisamos nos relacionar com seres que integram esse todo. Mulheres não dão à luz cachorros, cadelas parem cachorros, mulheres concebem bebês. Tudo com sua sinergia, cada coisa no seu lugar. Há uma ordem que independe de nós. Assim como as células interagem entre si, e a Terra com outros planetas, há sistemas, reinos e filos que interagem entre si. No entanto, mesmo com essa interação, ninguém deixa de pertencer à sua nascente.

O amor é adimensional, e não excludente. Podemos amar de diferentes formas a diferentes coisas – umas mais, outras menos.

Voltando à Canela, voltando à vida

Que pelagem linda, branquinha e espessa! Seu rabo ia se tornando enorme e grosso, ficando sempre em pé quando estava caminhando. Agora, Canela parecia uma princesa. A borralheira que virou princesa. Roçava-se esbelta no sofá e se aninhava na minha cama, ronronando, ronronando. Ela era muito metódica. Um bicho com classe. Uma donzela com quatro patas e um rabo.

O miado demorou alguns meses a ressurgir, foi o último a se reestabelecer em sua fisiologia. Até o miado era tranquilo, quase um canto. Quando eu entrava no meu quarto, que se tornou sua casa, ela levantava seu corpo, esticava-o todinho e soltava seu miado suave e sereno. Eu dizia: "Oi, Canela!". Parece que ela entendia, porque vinha se esfregando em mim, quase dançando, dando-me boas-vindas!

Assim, nossa amizade foi crescendo. Dormia nos pés da minha cama ou, às vezes, grudadinha na minha cabeça. Já fazia parte da nossa família.

Passaram-se oito meses, apenas oito meses...

Em uma sexta-feira, quando cheguei em casa, estranhei Canela não estar no quarto. Perguntei para os meus filhos e eles não a tinham visto.

Três dias se passaram sem que ela desse sinal de vida. Procurei pela vizinhança. Gritei. Perguntei. Nada! O quarto ficava vazio sem Canela.

O sonho, o aviso, a interação... a gratidão!

Em uma noite normal de sono, encontrei-me com Canela durante um sonho. Lembro que acordei às 5 horas da manhã e pensei em dormir um pouquinho mais. Acredito que, logo em seguida, encontrei-me com ela na Terra dos Sonhos. Ela estava linda. Agora era uma princesa, uma gata-princesa. Seus olhos estavam mais verdes do que nunca e, sua pelagem, branquíssima, parecia algodão. Minhas lágrimas correm ao lembrar-me do momento. Ela vindo, faceira, até mim. Rebolando, quase dançando, se esfregando. Estávamos em um lugar todo verde, sem janelas, mas muito gostoso de estar. Era uma sala verde com cheiro de menta e com luzes que pareciam brisa.

A conversa

Perguntei onde ela estava e porque havia sumido. Ela, roçando-se em minhas pernas, me respondia no silêncio dos lábios, mas com a clareza do coração: "Eu morri. Os cachorros me pegaram! Meu corpo está pertinho da cerca. Siga o cheiro que você vai me achar!". No sonho, eu chorava muito. Desesperada, eu dizia: "Não! Depois de tanto esforço, não!". Ela parecia não padecer do mesmo sofrimento.

A GRATIDÃO

Como uma majestade, ela me agradeceu por tê-la cuidado. Disse que tinha chegado sua hora, mostrou-me onde estava e partiu.

Acordei e fui direto ao pátio vizinho. Não poderia ser diferente: lá estava Canela. Enterramos seu corpinho e agradecemos pelo pouco, mas intenso convívio que tivemos. Aprendemos muito com sua presença entre nós e levamos conosco o colorido do seu olhar.

Ainda há energias que acreditam que os animais não têm alma. O interessante não é você acreditar ou não nestas linhas, mas as sintam dentro de você. Todos nós, na evolução de nosso ser, passamos por diferentes etapas evolutivas. A evolução não significa que somos melhores ou piores do que animais, vegetais ou minerais, e sim que equivale à incorporação de energias específicas de cada reino. Tudo na existência é ensinamento e aprendizado.

7
As revoadas dos papagaios

Foi no dia 25 de dezembro de 2009. Manhã de Natal. Eu acordara, como de costume, às 5h da manhã. Meu corpo estava acostumado a este horário e despertava quando o dia começava a raiar. Aquele amanhecer inspirava-me a meditar. Coloquei um tapume embaixo do grande flamboyant que se localizava no pátio de minha casa. Ali, entre o sol que nascia e a brisa da manhã, havia a energia dos que me rodeavam. Entre eles, minha cadela Luma, meu gato Melk, o cachorro Tolk, os pássaros que cantavam e as várias orquídeas que viviam na grande árvore. Uma paz adentrava meu coração. Senti que lágrimas de agradecimento corriam por meu rosto. Agradecia a Deus por todas as graças que eu tinha alcançado naquele ano. Eu revivia, em meus pensamentos e sentimentos, os momentos de 2009, e via, com gratidão ao mundo espiritual, tudo o que eu tinha conseguido, a olhos vistos, evoluir.

Foi ali, em meio a todo aquele belo cenário, que pedi a Deus que me orientasse. Pedi a Deus que me desse um sinal, caso estivesse no caminho certo. Eu orei e conversei com Deus. Pedi luz e força.

Enquanto eu ainda estava em meditação, ouvi muitos pássaros que revoavam sobre a árvore em que eu estava. Me assustei. Os cantos dos pássaros eram diferentes daqueles que me acompanhavam nas manhãs de meditação.

Abri meus olhos. Observei, sorridente, sete papagaios que sobrevoavam em círculos. Senti que eles dançavam e cantavam para mim.

Levantei-me. Fui buscar a máquina para tirar uma foto. Eis que, para a minha surpresa, quando entrei na cozinha da minha casa, eles, todos juntos, adentraram comigo. Fizeram um movimento circular dentro da cozinha e saíram pelo mesmo lugar pelo qual entraram. Aquela energia, aquela alegria que eles me passaram me mostrou, que, sem dúvida alguma, eu estava no caminho certo, e que Deus estava me presenteando com um imensurável e inesperado presente: a visita de sete papagaios. Aquilo me nutriu e me nutre até hoje. Foi apenas uma das mil maneiras pelas quais Deus falou comigo, e que, com certeza, se você ficar atento, também falará com você. Faça propósitos com Deus e aguarde que as bênçãos virão.

Ore, confie, observe os sinais em sua vida. Fique ligado.

8
Toquinho, o cachorro que gostava de leitura

Há algum tempo, adotei um cachorrinho a quem chamávamos de Toquinho. Resgatamos ele das ruas. Sua raça era indefinida, sua pelagem branca e preta, e parecia ter idade bem avançada. Toquinho estava cego de um olho e tinha câncer no rabo, que sangrava muito.

O que me chamou atenção neste cão não foi apenas seu estado físico debilitado, mas também seu olhar triste. Não sei por que, aliás, nunca saberei, mas aquele olhar me mostrava que ele estava com saudade de algo. Muitas vezes, mesmo depois de estar acostumado a nossa família, Toquinho parava, olhava para o alto e chorava. Parecia que chamava alguém. Isso era bem costumeiro nele.

Nosso amigo era rabugento, ciumento com as coisas dele, tinha dificuldade para caminhar e chorava seguidamente. Na verdade, era um cachorro chorão. Às vezes, eu até brincava com ele, dizendo: "Sai, chorão". E mais ele chorava.

O câncer do rabo dele foi retirado algumas vezes, mas em seguida voltava com força total. Então, pela idade e pelo risco, o veterinário nos aconselhou a não retirar mais. Por mais que o tratássemos, ele não melhorava muito. Seu estado físico geral era fragilizado.

Contudo, nosso querido e saudoso amigo tinha uma peculiaridade que jamais vi em outro animal. Ele gostava que eu lesse para ele. Toquinho só parava de chorar quando eu lia, depois, ele sorria. É sério! Nosso amigo sorria, ou pelo menos mostrava seus dentes velhinhos em formato de sorriso. Demorei a descobrir esse precioso gosto de nosso amigo pela leitura.

Como já comentado, minha rotina sempre foi acordar cedo. Amo sentir o raiar do sol, assim como a energia do dia começando. São nesses horários iniciais do dia que costumo meditar e escrever, além de fazer um gostoso pãozinho feito em casa que deixa tudo cheirando a lar. Amo isso. Percebi que, quando eu acordava pela manhã, o nosso amigo já se mexia e ia para o meu lado. Quando eu meditava ou escrevia, ele sempre ficava debaixo da cadeira em que eu estava. Depois que eu terminava de escrever, ele começava a chorar. Eu dizia: "Para, Toquinho". Ele não parava. Aquilo se repetia. Eu escrevia, terminava, me levantava e ele chorava. Até que, certa vez, estava lendo, quase balbuciando, o que tinha escrito... e não é que Toquinho parou de chorar?! Olhei para o papel, olhei para Toquinho e duvidei. Será? E li bem alto. Tamanha foi a minha surpresa: Toquinho se aquietou! Engraçado, mas verdadeiro. Como este livro já existe por entre meus escritos há anos, muitas partes dele o Toquinho conheceu com nossas leituras. Posso dizer que ele foi meu parceiro de escritas. Escritas estas que, se não aconteciam, o estrago estava garantido: o rabugento chorava... e quando eu lia, ele sorria!

O câncer venceu nosso amigo e ele se foi, pelo menos deste plano existencial, mas continua vibrando em nossos corações.

Toquinho era responsabilidade do Luccas Jones, meu filho menor. Lá em casa, embora todos os animais fossem da família, cada bicho sempre tinha um responsável. Então, Toquinho era considerado o cachorro do Luccas. O cachorro parecia saber disso porque, além de me seguir, sempre seguia o Luquinhas e pedia tudo o que tinha à vista. Quando o guri pegava uma bolachinha na mão, a primeira tinha que ser... adivinha para quem? Ora, para Toquinho, é claro! Você imagina o que ele fazia caso Luccas não desse? Chorava. Ele nos ganhava no choro, e acabávamos sorrindo com tanto choro.

Toquinho sempre foi um cachorro muito educado. Ele não entrava na nossa casa sem ser convidado, mesmo depois de já ser de casa. Ele fazia suas necessidades somente no mesmo canto do pátio e sempre em cima de um jornal. Ele, inclusive, nos avisava que o cantinho dele estava sujo. Adivinha como ele avisava? Chorando! Depois de tudo limpo, ele ficava mais tranquilo. Observei o uso do jornal para fazer suas necessidades logo que ele chegou em nosso lar. Como falei, cada animal tem a sua particularidade, que é característica de sua personalidade ou, quem sabe, do modo como eles foram ensinados por seus donos anteriores. Logo que Toquinho chegou em nossa casa, percebi que ele estava inquieto e ia de um lado para outro, como as crianças fazem quando estão apertadas para fazer xixi ou coco. Então, desconfiei que, talvez, ele também estivesse apertado, e me veio à mente colocar jornal no chão. Levei-o para o cantinho, que depois virou o seu *xixidódromo*, coloquei o jornal e nosso amigo fez o que tinha de fazer ali. Certamente alguém lhe ensinou assim, e ele manteve o hábito mesmo depois de não mais estar com essa pessoa. Aliás, nosso amigo dava vários sinais de que tinha sido bem tratado e ensinado em épocas passadas. Era uma pena que ele tivesse se perdido ou, quem sabe, sido abandonado.

Com o caso do Toquinho, que provavelmente foi abandonado por seus donos, gostaria de trazer à tona esta questão: abandono de animais. Muitas pessoas, acredite, muitas pessoas mesmo, criam com todo o carinho seus bichinhos enquanto são novos, saudáveis e bonitos. Depois, quando eles estão velhinhos e doentes, os abandonam como lixo. Os coitados ficam perdidos procurando seus donos. Eles já não conseguem ter a destreza de um cachorro novo, já não respondem mais, tão bem, ao frio, à fome e à sede, além de terem perdido o costume de ir atrás do seu próprio agasalho e alimento.

Assim como nós nos acostumamos ao conforto, os animais também. Eles conseguem viver, assim com nós, sem isso ou aquilo, mas precisam reaprender e, às vezes, não dá mais tempo para que isso aconteça. De repente, são abandonados, ficam sem casa, sem comida e sem o que realmente faz falta para eles: seu dono, carinho e rotina.

Por isso, é importante que sejamos conscientes, ou seja, se não vamos cuidar, para quê pegar ou levar para casa o animalzinho? Para que tirarmos ele de seu habitat? Certa vez, eu tive uma cadela chamada Sara, uma cadela Fila, linda e amável, que pegamos quando era pequenina. Nós a amamentamos com mamadeira, porque sua mãe havia deixado-a de lado quando nascera. Nossa amiga foi para nossa casa com vinte dias. Muito pequena e fraca, mas já linda.

Sara, aos poucos, se tornou nossa parceira de brincadeiras. Uma verdadeira amigona do peito. Eu sempre dizia que ela era a babá da Arielle e do Gabriel, pois ela acompanhava-os de um lado para o outro, e realmente parecia que cuidava deles para mim. Lembro que o Gabriel estava aprendendo a caminhar e, quando ele parecia que ia cair, ela apoiava-o. Ela fez isso várias vezes, incentivava-o a caminhar, e ainda ficava atrás ou ao lado para ele não cair. Parecia uma mãe cuidando de seus filhos. Que bonito é lembrar isso, principalmente pela pureza e pelo carinho que os animais nos trazem e que, muitas vezes, esquecemos que existe.

Nossa amiga Sara ficou uns cinco anos conosco, mas surgiu um problema em minha família e precisamos nos mudar de onde morávamos. Já não teríamos mais o grande pátio e moraríamos noutra cidade, em apartamento, onde era proibida a entrada de cães. Eu sofri com isso, mas era necessário. Então, doei a Sara para um vizinho, que morava há algumas casas perto da nossa. Com isso, nos finais de semana, quando retornássemos ao interior, poderíamos vê-la e passear com ela. Para a minha infeliz surpresa, esse vizinho vendeu nossa amiga e nunca mais a vimos. Muitos anos depois, outra vizinha nos contou que a Sara ficou desesperada quando fomos embora. Na primeira semana, ela fugia da casa do vizinho e ia se sentar no portão de nossa casa, por isso, o vizinho tinha vendido a cadela.

Sofri pelo sofrimento da nossa amiga e me senti extremamente culpada com tudo isso. Procurei, tentei comprá-la novamente, mas esse vizinho nunca informou o local onde ela estava. Cheguei a colocar anúncio no jornal, mas, mesmo assim, nada de nossa amiga. Não gostaria que eu tivesse aprendido esta lição à custa de um sofrimento tão profundo quanto o que causei a esta cadela. Acredito que ela saiba que eu me senti e me sinto muito mal por isso. Perdão, Sara. É por esta e por outras histórias que ouvi e que vivenciei que peço que tenhamos consciência antes de adotarmos um animal, qualquer que seja ele.

9
A SENHORA TARTARUGA

Minha família e eu sempre gostamos muito dos animais. Quando meus filhos ainda eram pequenos, tínhamos uma coleção deles, cada um com seu nome, cada um com sua personalidade e com seu lugar na nossa família.

A rua em que morávamos, em São Jerônimo/RS, estava sendo calçada, então, estávamos entre barros, canos e paralelepípedos distribuídos ao longo dela. Certo dia, à noite, minha cadela Luma começou a latir sem parar. Arielle e eu fomos ver o que era. Para a nossa surpresa, era uma enorme tartaruga, toda recolhida em seu casco e, aposto, morrendo de medo da Luma, que é uma labradora das grandes. Arielle gritou: "Mãe, mãe, vamos ficar com ela! Eu disse: "Mas, filha, como vamos alimentá-la?". Ela disse: "A gente consegue, mãe!". No outro dia, liguei para vários locais oficiais, bem como os de ajuda ao animal, perguntando o que fazer e como cuidar da tartaruga, já que seu casco estava rachado. Recebi várias dicas, inclusive a de que eu teria de construir um minilaguinho para que ela pudesse sobreviver. Foi o que fizemos. No outro dia, contratei uma pessoa que fez tudo conforme haviam me ensinado, mas alertei aos meus filhos que ficaríamos com ela até que ela ficasse boa e que depois a devolveríamos ao seu habitat natural.

Não é preciso dizer que a festa se fez, não é?! Ela era uma enorme tartaruga e, por sinal, muito simpática. Colocamos nela o nome de Senhora Tartaruga. Os dias foram passando e ela foi mostrando alguns sinais de melhora. Já caminhava melhor. Antes, ela mal se mexia, a cabeça ficava pendente e meio mole quando saía do casco. Aos poucos, ela foi saindo do cercado que fizemos para que os cachorros não a incomodassem e indo me procurar. Ela estava sempre perto de mim, inclusive entrava em casa atrás de mim. Outro detalhe intrigante era que, quando conversávamos com ela, ela mexia com a cabeça. Caíamos na gargalhada e conversávamos com ela. Para nós, nossa amiga nos entendia. Em seguida ao aparecimento dessa tartaruga, nosso vizinho nos trouxe outra. Ele a encontrou quase esmagada, nos canos de concreto que serviriam para a pavimentação da rua, mas esta não conseguimos salvar, morreu no mesmo dia. Acredito que estas tartarugas vivessem em algum dos cantos nos quais a patrola havia passado. Para nós, elas eram um presente de Deus.

A Senhora Tartaruga foi ficando cada vez mais participativa em nossas vidas. Certo dia, minha filha começou a observar que, quando estava perto do horário em que eu chegaria em casa, a tartaruga ia em direção ao portão e levantava a cabeça. No início, achamos que era coincidência, mas eu vinha sempre em horários diferentes para casa, e ela, independente do horário em que eu retornasse, ia me esperar perto do portão. Conforme os meses iam passando, percebemos que não era coincidência, e que a Senhora Tartaruga realmente pressentia a minha chegada e ia me esperar no portão, com a cabeça bem erguida. Pena que não tivemos a ideia de gravar estas idas e vindas dela. Sempre que ela se dirigia àquela direção, meus filhos já sabiam que eu estava por perto. Que fascinante isso, não é?

Infelizmente, naquele ano, o verão foi bem forte e percebemos que ali estava ficando quente para a nossa amiga. Choramos muito, mas conversamos com ela e a avisamos que teríamos de soltá-la no campo, em um local onde tivesse açude. Foi o que fizemos. Nunca mais vimos nossa amiga, mas sabemos que, de uma forma ou de outra, ela nos ajudou e nós a ajudamos.

PARTE 2
Relatos Psicografados

1
Sofia e os girassóis
Por Damião

Fui acometida de várias crises de falta de ar. Por muitas vezes, me encontrei perto de desencarnar. Meu corpo crescia e meu pulmão não acompanhava, na mesma proporção, esse crescimento. Até meus primeiros anos de vida, tudo parecia normal. Com as minhas primeiras correrias pelas ruas, com minhas sucessivas descobertas em subir e descer, com minha vontade de ser criança e a busca silenciosa, mas ousada, do desenvolvimento infantil, foi-se mostrando, dia após dia, que algo não estava bem em mim. Algo não estava em sintonia no meu corpo.

Com cinco anos eu comecei a desmaiar. Fortes dores de cabeça e ardência nos olhos. Um cansaço generalizado e acentuado tomava conta do meu corpo. A falta de ar, quase incessante, deixava-me prostrada, mas muito inquieta. Meus pais faziam de tudo por mim. Sara, minha mãe, zelosa e amável, dividia-se amorosamente em cuidados comigo e com meus outros dois irmãos. Anthonio, meu pai, tinha medo de que eu morresse e, sem perceber, ele foi parando de me visitar no quarto. Ele me evitava. Era dolorido para ele ver meu sofrimento. Em pouco tempo, meu espaço físico permitido e habitável tornou-se tão e somente o meu quarto. Junto a mim, alguns aparelhos manuais para me ajudar na respiração. Eu vivia deitada ou sentada. Eu observava o mundo da grande janela do meu quarto, ficava por horas a fio olhando pela janela.

Lá fora havia um campo aberto repleto de girassóis. Eles me encantavam. Parecia que eles eram uma extensão do meu quarto. Eu acompanhava o abrir e fechar de suas pétalas. Eles lá fora, e eu aqui dentro. Éramos amigos. Quanta vontade eu tinha de tocá-los ou sentir seu perfume. Nem sequer uma vez cheguei a senti-los entre meus dedos.

Os girassóis continuavam o seu crescimento, assim como eu continuava o meu. Dias sem fim eu estava com eles. Eram eles que garantiam parte do sustento de nossa família. Meus pais eram humildes e puros, viviam de suas vendas. Comerciavam vários tipos de flores, em especial os girassóis. Passamos inúmeras vezes por dificuldades financeiras. Mudanças bruscas de clima interferiam e prejudicavam o crescimento sadio dos girassóis. Eles eram muito sensíveis, como meu pai dizia. Meu pai estava sempre nervoso com as nossas dificuldades. Seu descontentamento estava relacionado à falta de dinheiro para custear meu tratamento. Ele sabia que minha vida dependia disso. Isso o agitava e o amedrontava. Somente com o tempo que eu compreendi que meu pai se afastava de mim por vergonha. Ele tinha vergonha por não poder pagar meu tratamento, por não poder me tirar dali. Ele sofria imensuravelmente com a minha piora. Ele orava e se ajoelhava, pedindo a Jesus a minha cura.

Por muitas e incontáveis vezes eu via pessoas desconhecidas trabalhando felizes naquele imenso jardim. Eu percebia que elas eram menores do que os adultos. Elas pareciam adultos em corpos de crianças. Suas expressões eram de maduras, mas seus corpos eram infantis e muito pequenos. Eles trabalhavam, pulavam e cantavam. Eu podia ouvir da janela do meu quarto os seus cantos. Eles trabalhavam na chuva ou no sol, de noite ou de dia. Por muitas vezes, vi quando eles faziam um grande círculo, formado por vários pequenos homens em volta de girassóis, que pareciam não apresentar um bom desenvolvimento. Eu via e sentia que aqueles homenzinhos oravam pela "saúde" de seus amigos girassóis. Para mim, eles eram como uma grande e unida família.

Logo que comecei a vê-los, eu comentava com minha mãe. Ela ouvia e sorria. Mostrava em seu semblante que aquilo era invenção minha. Ela acreditava que eu sonhava ou fantasiava. Resolvi, então, aquietar-me sobre o que eu observava. O interessante é que, mesmo com toda a minha observação, e os homenzinhos sabendo que eu os estava olhando, eles nunca pararam de trabalhar. Eles não olhavam para mim, mas deixavam claro que sabiam que eu os via. Eles trabalhavam em turnos, trocavam seus afazeres e momentos de trabalho. Durante a noite, quando eu tinha a oportunidade de espiar rapidamente pela janela, eu apenas enxergava várias luzinhas de cor verde que brilhavam, brilhavam na luz da noite. Com o tempo, eu não consegui mais dar umas espiadelas na janela durante a noite, ou sempre que eu quisesse. Meu corpo ficou muito enfraquecido, e eu conseguia caminhar apenas com a ajuda de minha mãe. Eu precisava do apoio dela para dar cada passo. Nossa família era minha mãe, meu pai, dois irmãos mais novos e eu. Eu fui seguindo. O tempo foi passando, minha doença se agravando, mas os girassóis me davam a esperança de que tudo poderia mudar. Eles eram tão lindos que me faziam esquecer as fortes dores que eu sentia em meu peito e em minha cabeça.

As dimensões existenciais

Agora eu já contava com 14 anos. Muitas vezes, eu ficava sozinha por horas em meu quarto. As roupas sujas, a fome e a sede temporárias me assolavam, pois minha mãe não tinha tempo de ir ao quarto sempre que eu precisasse. Eu me alegrava com os gritos e com as brincadeiras dos meus irmãos, mas já fazia muito tempo que eu não os via. Meus pais e todo o resto das pessoas tinham medo de que eu tivesse uma doença contagiosa. Na verdade, ninguém sabia o que eu tinha. Raramente um médico comunitário ia me visitar. Eu percebia que nem ele sabia o que eu tinha. Em suas poucas visitas, eu notava que ele achava que aquela seria a última. Ele tinha a certeza de que eu não resistiria.

Um dia, já quase sem forças, com a voz muito rouca e fraca, pedi para minha mãe para ver meus irmãos. Ela parou o que estava fazendo. Olhou bem para mim. Algo se aliviou em mim. De repente, eu ouvi o seu choro compulsivo. Ela se atirou sobre minha cama com gritos e murmúrios de dor. Ela se abraçava em mim, estava tomada pelo medo de me perder. Ela chorava e gritava. Ela gritava e chorava. Eu não podia fazer nada, estava sem forças. Eu daria tudo para poder corresponder ao seu abraço, mas eu já não mexia mais os meus braços. Eu me sentia demasiadamente fraca. Foi aí que, pela primeira vez, eu vi os meus amigos homenzinhos adentrarem em meu quarto. Eles estavam envolvidos em muita luz. Uns estavam sérios e outros sorridentes. Eles se colocavam em pequenos círculos, envolvendo a mim e a minha mãe. Foi aí que eu percebi um pequeno estalo, como se algo se desprendesse de mim. Percebi, por breves instantes, que eu conseguia respirar melhor. Parecia que eu estava mais solta e mais leve. Eu me sentia um balão, um doce e suave balão que flutuava por um lugar iluminado. Tudo foi silenciando. Parecia que o choro de minha mãe foi ficando ao longe. Tudo foi ficando cada vez mais tranquilo. Parecia que eu estava entrando em sono profundo. Ouvia ao longe algo como cânticos e orações. Pareciam também canções de ninar. Eu seguia naquela energia desconhecida, mas muito boa. Eu gostava do que estava sentindo. Estava entregue àquele momento que parecia tão sublime.

Enquanto isso, em meu quarto físico e terreno, minha mãe sofria o meu desencarnar. Adentraram ao quarto meus pequenos irmãos que, ao ouvirem os gritos desesperados de minha mãe, vieram a seu encontro. Ela mostrava um misto de sofrimento e alívio. Ela sofria por me perder, mas se aliviava por eu parar de sofrer. Ela acreditava que a morte cessaria o meu sofrimento. Depois de um longo tempo, depois de me abraçar e me beijar muitas e muitas vezes, ela deu-se conta de que meus irmãos estavam ali. Ela precisaria avisar a meu pai de minha morte. Ele voltaria do campo somente à noite.

Ela não teria como avisá-lo antes, e não poderia deixar meus irmãos sozinhos para ir ao encontro dele. Os homenzinhos continuavam ali. Eles cuidavam zelosamente de minha mãe e de meus irmãos. Outra parte deles cuidava de meu corpo, que havia se desprendido do mundo físico e já estava sendo acoplado em outra dimensão para ser tratado animicamente.

A tranquilidade repassada pelos homenzinhos invadiu minha mãe. Ela fechou meus olhos, tapou-me com um lençol de cor clara e seguiu seus afazeres com meus irmãos até a hora em que meu pai chegasse para fazerem juntos o meu enterro.

A rotina seguiu. Minha mãe fez uma sopa de legumes. Meus irmãos estavam bem cuidados e com muito sono. O entardecer chegava e, com ele, mais calmaria. Minha mãe colocou-lhes para dormir mais cedo naquele dia. Ela gostaria de estar sozinha quando meu pai chegasse. E foi assim.

Ela avistou meu cansado pai chegando, com seus apetrechos do campo. Ela gritou o seu nome e foi correndo a seu encontro. Ele entendeu o que havia ocorrido no mesmo momento. Então, ele abriu os braços e entregou-se em um abraço de dor à esposa. Os dois, pai e mãe, choravam a perda da amada filha. Uma tamanha revolta que estava guardada no fundo do peito do meu pai se acendeu naquele instante. Ele gritava e uivava: "Não! Não! Não!". Ela pedia que ele se acalmasse, dizia que a filha estava descansando e que agora poderia ficar em paz. O marido jogou seus apetrechos de campo longe, revoltado com o Deus que tirara a vida de sua própria filha. Ele ajoelhou-se em sua dor. Agarrou-se no vestido da esposa. Em sua mente sofrida passaram cenas de quando a menina ainda era bebê e tudo parecia normal. Logo após as corridas e arteirices da pequena Sofia, os colos do pai que acalentavam a menina. Tudo se passou entre revoltas, agonias e saudades. Por quê? Por quê? A esposa colocou as mãos sobre a cabeça do marido, acarinhou seus cabelos. Ali, ela entendeu que teria de ser mais forte do que ele. A vida, mesmo que dolorida, iria continuar. Uma revolta desenfreada iniciava sua caminhada no coração e na mente do pai de Sofia.

Anthonio e Sara, pai e mãe, caminharam até a casa. Os meninos prosseguiam seu sono. Anthonio optou por não ver a menina. Encaminhou-se ao celeiro, onde organizaria tábuas para a feitura do caixão da filha. Sara adentrou na casa. Preparou um banho perfumado para a menina. Banhou-a intensamente em água de rosas. Encheu a banheira com pétalas de rosas. Lembrou com muita saudade de quando a menina era bem pequenininha e o quanto ela gostava de despetalar as rosas e colocá-las na água. Sofia dizia que as pétalas de rosas eram seus peixinhos. Ela falava que as pétalas faziam borbulhas na água e, então, largava um sorriso imensurável de pureza.

Tudo era muito intenso com Sofia. A alma de Sofia era intensa. Ela preenchia a tudo e a todos. Até que a doença mostrou seus sinais e "todos" fugiram do que ela tinha. Amigos, vizinhos e parentes, todos se afastaram da casa, porque tinham medo do que a menina tinha. Havia, inclusive, no vilarejo, muitos comentários de que a menina era sugada por uma bruxa, por isso estava desvanecendo e morrendo. Outros, ainda mais maldosos, diziam que ela já era uma assombração, e que tinha morrido há muitos anos. Sofia tinha uma pele branca como o algodão, os olhos negros como a noite mais escura e os lábios grossos e arroxeados pela doença. Com o tempo, ela foi ficando cada vez mais pálida e magra, e sua boca muito roxa. Parecia, sem dúvidas, um zumbi. No quarto de Sofia não havia espelhos. A mãe tinha medo de que ela se assustasse com a própria aparência.

Enquanto a mãe banhava e vestia a filha, e o pai fazia o caixão e preparava o buraco para enterrá-la, os pequenos homenzinhos do bem energizavam tudo por ali. Havia, também, orações silenciosas de energias bondosas que transpassavam a matéria e conseguiam chegar ao coração daquela família, amenizando um pouco a dor da perda e permitindo o desenrolar do enterro. Sara vestiu Sofia com uma camisola branca e comprida, com mangas bufantes. Ela prendeu o cabelo da menina na lateral com uma trança caída ao lado. Encheu seus cabelos com uma coroa de flores coloridas. Sofia ficou descalça, mas a seus pés e ao longo de todo o caixão havia muitas flores perfumadas e vivas. Ela estava linda, mesmo no leito de morte. Sara engolia suas lágrimas. Ela sabia que precisava ser forte. Sua família precisava continuar e o marido precisaria de muita ajuda. Agora, ela precisava chamá-lo. Não conseguiria carregar o caixão sozinha. O buraco já estava pronto. Anthonio já havia colhido muitos girassóis, que iriam em cima do túmulo feito em terra pura. Muitas sementes seriam plantadas ali.

Anthonio adentrou na casa. Cabeça baixa e olhos perdidos no nada. Ele pediu que Sara tampasse e selasse o caixão antes dele entrar. Sara consentiu e lacrou o caixão. Ele não olhou para a filha, apenas segurou o caixão com toda a sua força. Os pequenos homenzinhos oravam e energizavam tudo. Sofia, em seu caixão, foi colocada em terra fofa. O lugar escolhido foi próximo da casa, em meio àquelas plantações de girassóis. Da janela de seu quarto avistava-se o local do túmulo. Os dois oraram em nome da paz que a filha buscava encontrar. Eles acreditavam na energia divina, mas, Anthonio, naquele momento, em meio a tantas revoltas, já não sabia de mais nada, já não sabia se poderia acreditar em algo que não fosse suas próprias mãos, seu próprio esforço.

Já estava amanhecendo. Os trâmites do enterro demoraram bastante. Tudo foi feito com muito amor e zelo. Sofia era a sua menininha, tanto do pai quanto da mãe. Os meninos já estavam acordando. Um deles acordou chorando. Sara correu em seu auxílio. Fê-lo dormir novamente e foi banhar-se. Convidou o marido a fazer o mesmo. Este, sentado em uma cadeira na cozinha, permanecia imóvel com o olhar perdido no nada. Ele não mexia uma só parte do corpo, nem respondia aos apelos da esposa. Ela resolveu ir tomar banho e depois preparar um café. Ela sabia que ele estava sofrendo, ainda mais que já fazia meses que Anthonio não entrava no quarto da filha. Ela sabia que ele estava arrependido. Na verdade, ele se culpava por não ter podido ajudar a salvar a filha. Uma grande culpa tomava conta dele.

Enquanto isso, Sofia continua serena, dormindo em sua sala de luz e acompanhada de seus energizadores de amor. Ela não sabia nem suspeitava do que estava acontecendo. Seu sono reparador alimentava seu perispírito. Observar ou sentir a dor do pai e da mãe poderia fazê-la perder-se no mundo espiritual ou revoltar-se com o seu destino. Por isso, nossos amados amigos espirituais mantiveram-na adormecida enquanto muitos desenrolares se processavam no mundo terreno.

    Os dias passavam. O quarto de Sofia permanecia fechado. Sara não tinha coragem, nem vontade de entrar lá. Anthonio foi ficando cada vez mais absorvido pelo nada. Já não trabalhava como antes. Voltava cedo para casa e ficava sentado, olhando ao longe, como se estivesse deixado algo por lá. Por outro lado, os clientes das flores, que antes de a menina adoecer mantinham o comércio e depois da doença tinham se afastado, foram voltando aos poucos. A correria em busca de dinheiro diminuiu, mas quem controlava agora as finanças era Sara. Anthonio se desligou de quase tudo. Parecia um zumbi perambulando de um lado para outro. Nem os meninos chamavam a atenção dele. Ele se sentava na cadeira da varanda ao entardecer e ali ficava, por horas a fio, em silêncio total. Com o tempo, ele não conseguiu mais levantar da cama ao amanhecer. Não tinha forças para ir trabalhar, plantar e replantar as sementes de flores. Ele vivia branco, sem brilho algum, tanto na fisionomia quanto em suas palavras ou ações. Sara foi percebendo este enrolar-se do marido e resolveu buscar ajuda, mas a ajuda médica disse que ele tinha apenas uma indisposição. Ela temia que o marido estivesse ficando com a mesma doença da filha, apesar de os sintomas dele serem bem diferentes dos dela. Na verdade, ela temia mesmo que os clientes se afastassem novamente, como quando a filha adoeceu. Mesmo com a filha doente, o marido continuava a trabalhar para o sustento da família, e ela a cuidar dos pequenos, mas se ele adoecesse e os clientes se afastassem, quem trabalharia? Quem iria para a cidade vender flores? E os filhos pequenos? E o preconceito ainda existente com mulheres trabalhando na rua? O marido foi ficando cada vez mais apático. Agora, nem banho ele tomava mais. Além dos meninos pequenos, ele também precisava de cuidados.

Em um belo dia, enquanto Sara colocava roupas no varal, avistou um casal de meia-idade vindo à porteira. Ela viu que ambos carregavam duas malas e foi ao encontro deles. Eles pediram um pouco de água e descanso por um dia. Contaram sua história, que haviam saído das terras em que estavam trabalhando porque os senhores haviam morrido e não lhes agradava trabalhar com os novos patrões. Eles não tinham onde morar. Não tinham mais família. Tinham vindo de muito longe para trabalhar. Sara sorriu com a história. Acreditou piamente que eles haviam sido enviados pela Lei Divina e que estavam ali em atendimento às suas orações. Sara contou sua história. Contou sobre a morte da filha, sobre a doença do marido e as dificuldades pelas quais ela estava passando, tanto na plantação, quanto na colheita e na revenda, além do trabalho com a casa, com os meninos e com o marido. O casal se ofereceu para trabalhar em troca de comida e moradia, até que tudo se normalizasse. Sara, então, resolveu contratá-los para trabalhar com eles. Ela ficou mais tranquila, parecia que um peso havia sido retirado de suas costas. Pelo menos agora ela poderia dar mais atenção ao marido, e quem sabe ele ficasse bom. Ela tinha muito medo de que o marido cometesse alguma loucura com ele mesmo. Ela sentia que, cada dia mais, ele se entregava ao desespero.

Os homenzinhos do bem seguiam zelando por aquela família. Eles tentavam de tudo para acordar Anthonio do sono profundo que ele parecia estar. Em volta dele havia uma grande nuvem preta de pensamentos, remorsos e angústias. Ele se sentia extremamente culpado pela morte da filha. A melhor fórmula para esquecer o acontecido era entrar em seus próprios devaneios. Um universo paralelo foi criado por Anthonio. Em seu mundo mental, ele criava fábulas infantis que ainda contava para a filha. Ali, ele se encontrava com ela de instante em instante. Energias contrárias ao bem se aproximavam dele, mas a dedicação dos pequenos homenzinhos era tanta que essas energias não conseguiam se fixar naqueles pensamentos. Elas iam e vinham, mas não conseguiam habitar o mundo mental-emocional de Anthonio.

Com a chegada do casal, as lidas caseiras foram se ajeitando. Tudo foi ficando mais organizado. Eles eram prestativos e de confiança. Sara ficava mais disposta e conseguia fazer boas vendas, pensar melhor nos negócios. Os meninos iam crescendo e se fortalecendo, saudáveis e sapecas. Alguns anos se passaram e, mesmo assim, Anthonio foi ficando cada vez mais preso a seus devaneios. Agora, além de não sair do quarto, a não ser para ir para a varanda ao entardecer, começara a falar sozinho. Ele dava risadas e fazia gestos. Um mundo paralelo, mas tranquilo, estava a sua volta. Se ele era real ou não, não importava, era a realidade dele naquele momento.

Rosa e Amaro trabalhavam com Sara como se fossem da família. O tempo passava e os vínculos de carinho e de fidelidade iam se fortalecendo cada vez mais. Rosa enxergava energias que não eram humanas. Ela pressentia que algo protegia fortemente aquela casa, mesmo com a insanidade do Sr. Anthonio. Era assim que Rosa o chamava, Sr. Anthonio. Todas as noites de lua cheia, Rosa e Amaro faziam uma fogueira e ali entregavam suas orações. Eles acreditavam nos chás, nas rezas e em que nada é por acaso. Rosa nunca esqueceu de que, na noite em que ela decidiu ir embora da outra fazenda em que eles trabalhavam, ela sonhou com um grande campo de girassóis, e nele uma linda menina pedia ajuda. O sorriso da menina era encantador, e foi assim que Rosa teve a certeza de que algo lhe esperava além daquelas terras. Amaro, muito crédulo ao que Rosa sentia, seguiu com ela sem contestar. Os dois se amavam e eram fiéis um ao outro. Ela lembra que, no momento em que passavam pelas terras de Sara e Anthonio, sentiu uma sede insuportável repentinamente e convidou Amaro para pedirem água e pouso para descansarem. Na porteira, Rosa não avistou os girassóis, pois eles ficavam na parte detrás da casa. Quando Sara lhes convidou a entrar para descansarem, Rosa pôde avistar o lindo e vasto campo que outrora havia visto em seus sonhos. Seu coração saltou e ela teve a certeza de que ali era o seu lugar.

Os portais

Um dia, Rosa pediu permissão a Sara para limpar o quarto de Sofia. Ela consentiu. Quando Rosa entrou, se deparou com um quarto humilde e muito simples, mas com a vista mais linda que ela já tinha visto na vida. Ela pôde perceber que as impressões da menina ainda estavam ali. Ela sentiu toda a doçura e a tranquilidade de Sofia. Sentiu, também, suas dores, medos e angústias pela doença que sofria. Rosa tonteou. Percebeu que ainda não era o momento de mudar nada ali. O lugar era mágico. Havia algum portal energético aberto ali.

Anthonio acabara de acordar. Fazia muito tempo que ele não acordava tão cedo. A luz do sol despertou-o. Ele sentia algo novo dentro dele. Alguma coisa o chamava: "Pai, pai!". Ele sentia que aquela voz era familiar. Parecia que ele estava despertando de um sonho. Sua filha Sofia o chamava. Onde ela estava? O que queria? Onde estava sua esposa e seus filhos? Que fome era esta que estava sentindo? Com o corpo enfraquecido pela ausência de si mesmo cambaleou e tombou no chão do quarto. Um estrondo fez-se ouvir. Rosa saiu correndo para ver o que havia acontecido. Sara não estava em casa, tinha ido à cidade junto com Amaro comprar sementes mais diversificadas. Os negócios iam bem. Ao ver Rosa, Anthonio perguntou quem ela era. Ela disse que ela e o marido trabalhavam com eles fazia alguns anos. Anthonio olhou meio sem entender, mas pediu que ela o ajudasse, pois sua filha estava chamando-o. Rosa olhou fixamente para ele e lhe disse que Sofia já havia falecido. Foi aí que uma grande nuvem esclarecedora se formou dentro e fora de Anthonio. Em segundos, ele se lembrou de sua história, lembrou-se da morte da filha e teve a sensação de que ficara por muito tempo ausente de si mesmo. Ele sentia saudade de tudo, até mesmo da filha que agora lembrara que falecera. Mesmo assim, tonto e cambaleando, pediu para que Rosa o levasse até o quarto de Sofia. Chegando lá, suas lágrimas rolavam e suas mãos tremiam, mas algo dentro dele lhe dizia que ela ainda estava lá. Rosa ajudou-o a sentar na cadeira.

Mal sabia ela que aquela era a cadeira na qual Sofia ficava por horas sem fim. Enquanto Rosa pegava um copo com água para Anthonio, ele olhava para tudo, para a mobília intacta, para os brinquedos da filha e para a imensa janela que havia construído com vista para o campo de girassóis para que a filha se sentisse com companhia. Anthonio via os girassóis como eternos companheiros, e foi propositalmente que ele construiu o quarto com aquela janela e colocou os girassóis naquela direção. Ele procurou pelo túmulo da filha, mas avistou apenas o campo de girassóis mais lindo que já tinha visto. A impressão de Rosa e Anthonio foi a mesma. Os girassóis eram divinos. Pareciam criaturas do Bem que brilhavam à luz do sol. A beleza e a grandiosidade dos girassóis eram imensuráveis.

Foi ali, naquela cadeira, com aquela vista, que Anthonio decidiu retomar a sua vida. Ele estava sedento por viver. A saudade da esposa e dos filhos tomou conta dele. Anthonio pediu que Rosa o deixasse sozinho. Ela assim o fez. Anthonio, ainda fraco, fechou os olhos e orou. Pediu que a Lei Divina o ajudasse a se reerguer. Pediu que sua filha, onde estivesse, ouvisse o seu perdão por não tê-la visitado nos seus últimos tempos. Pediu que Jesus o abençoasse a compreender tudo o que ele tinha passado. Foi neste instante que um sopro divino acordou Sofia de seu sono profundo. Os pequenos homenzinhos energizavam Anthonio e Sofia, cada um em sua dimensão. Cada um com a energia necessária para o seu aprimoramento. Anthonio acordava de seu sono profundo na Terra. Sofia acordava de seu sono profundo no além-túmulo. Novas descobertas. Novos momentos. Novos aprendizados.

No mesmo instante em que Anthonio acordava, Sofia sentia a presença dele acordando-a. Sua voz acordava-a, dizendo: "Filha, filha…". Ela abriu os olhos como se tivesse apenas dormido. Olhou ao seu redor e viu que tudo estava diferente. Ela estava em um lugar que jamais havia visto. Era um quarto todo em cristal. Ele ficava no meio de um jardim com muitos girassóis. Parecia que eram os mesmos, os seus girassóis, aqueles que ela passava horas e horas olhando da janela. Neste quarto havia uma grande cama e, ao lado, uma jarra com um copo com água. O brilho da água também parecia cristal. Lá fora, muitos homenzinhos pequenos. Eles trabalhavam incessantemente e sorridentes. Se não fosse pelo quarto totalmente diferente, ela se sentiria em casa. Ela olhou ao seu redor. Em cima desse quarto de cristal, no teto, havia uma pirâmide que absorvia luz do sol e emanava raios de luz que se direcionavam para o seu coração. Na verdade, o quarto parecia uma sala de cirurgia, onde os aparelhos eletrônicos ou elétricos eram os raios luminosos que adentravam o seu corpo. Ela percebeu que estava sem dor. Percebeu que conseguia mexer seu corpo sem esforço algum. Ela sorriu. Onde estaria? O que teria acontecido? Foi aí que alguns homenzinhos transpuseram a parede de cristal e vieram a seu encontro. Usavam roupas verdes, com vários tons de verde. Ela ficou olhando-os. Ela não sabia o porquê, mas uma alegria tomava-lhe o peito. Eles deram as mãos, um ao outro. Os dois homenzinhos pequenos em formato de gnomos se transformaram em dois seres de luz. Natan e Tereza estavam ali. Eles tomaram sua verdadeira forma. Seres de luz que ajudam no desenvolvimento de outros seres. Natan e Tereza podem assumir a forma que o seu coração desejar. São criaturas que já se conectaram ao grande todo. Tereza e Natan sorriram para Sofia. Ela, sem pensar, também sorriu para eles. Os outros homenzinhos continuaram com sua forma pequena, mas Sofia já entendia que eles também eram pessoas.

Evolução existencial do ser

Conforme a nossa evolução segue, vamos agregando formas a nós mesmos. Cada reino que passamos fica registrado em nós. As fadas, os gnomos, assim como os demônios e os vampiros, estão dentro do nosso aqui e agora. Funciona mais ou menos assim: é como se tivéssemos uma chavezinha, e quando a ligássemos, ela abrisse a porta que precisamos para, ali, vestirmos a roupa para continuarmos em nossa evolução. Natan e Tereza já haviam passado pelo reino vegetal e, para interagir com esse reino, tomavam a forma de gnomos. Isso, porém, não quer dizer que eles eram nem mais nem menos evoluídos do que os que ainda estavam no reino vegetal. Na energia divina não há mais nem menos. Há o certo. Há o equilíbrio, assim como há a misericórdia e o perdão. Cada um está onde deveria estar. Cada local que ocupamos, ocupamos porque precisamos aprender. Conforme vamos compreendendo, vamos evoluindo e incorporando com sabedoria tudo aquilo que já passamos. Passamos de um reino para o outro quando incorporamos este reino dentro de nós. Muitas criaturas optaram por ficar operando, construindo, fazendo obras dentro de um único reino. Por isso, não podemos dizer qual é o mais evoluído que o outro. Todos são aprendizados de maior ou menor grau. Muitos desses seres ocupam corpos mecânicos e tridimensionais, já outros preferem ficar no mundo etérico, cooperando com o Universo, com as idas e vindas das almas que buscam se reencontrar. A única lei que há é a do Amor.

Corpos em movimento. Energias sutis.

Natan e Tereza se aproximaram de Sofia com um sorriso puro nos lábios. Eles não falavam, suas vozes saíam de seus corações. Sofia percebeu que os entendia sem que eles usassem palavras, sem usar a boca. Uma expressão pacificadora e de confiança era transmitida por eles. Ali, Natan e Tereza se mostravam como um casal esguio, em torno dos seus 37 anos. Eles usavam batas em vários tons de verde. Ela usava um cristal entre os olhos, e ele um turbante que tapava seus cabelos, com um grande cristal na frente. Os cabelos dela eram muito longos e encaracolados. Eles tinham uma expressão única de doçura e de ternura, imensurável para ser expresso em palavras.

Tereza pegou a mão de Sofia e disse-lhe que, por muito tempo, ela estivera dormindo. Contou-lhe que seu corpo terreno já não existia mais. Disse-lhe que, em sua existência anterior, ela havia habitado um corpo físico com problemas respiratórios e que, por isso, sua recuperação exigia o sono profundo em que ela havia estado. Enquanto Sofia dormia, muitos ensinamentos já estavam sendo codificados para ela. A pirâmide e as luzes energéticas, além dos cristais e do jardim de girassóis, permitiam que o aprendizado e a compreensão do que havia ocorrido e do que estava acontecendo vibrasse em suas células multidimensionais. Ela entendia tudo com muita lucidez. Ela estivera sendo tratada para isso durante muito tempo. Sua compreensão era elástica e verdadeira. Sofia já era um ser de luz com aprendizados importantes para a etapa em questão.

Tereza explicou-lhe que o tratamento para a recuperação de suas células energéticas fora bastante minucioso, e que havia coisas a resolver no mundo terreno. Por isso, o quarto de cristal fora construído no mesmo local do seu túmulo físico, porém, em uma dimensão mais sutil, uma contraparte da dimensão anterior. Os gnomos trabalhavam nas dimensões etéricas. Sofia, quando ainda tinha vida, já acessava acordada as outras dimensões. Quando seu pai construiu o campo de girassóis, colocou amor verdadeiro em prol da cura de Sofia. Fora Anthonio que abrira o campo vibracional que permitia a parte física penetrar e se entranhar entre outras dimensões que não são mecânicas, tampouco físicas. Não foi à toa que ele construiu o túmulo de Sofia naquele precioso lugar. Algo dentro dele sabia o que estava fazendo. Ele só precisava despertar um dia a sua consciência desse todo e a chave estava na janela de Sofia. Quem tivesse coração puro e uma vontade sincera de ajudar ao próximo, ao olhar por aquela janela, despertaria o ponto de ligação entre todas as outras dimensões. Foi o que aconteceu com Rosa. Ela, ao adentrar o quarto de Sofia e sentir todo o amor que ali havia, ao olhar pela janela do quarto, inundada de amor verdadeiro e querendo entender tudo com compaixão, religou o elo físico entre os mundos, despertando Anthonio de seu transe hipnótico e acordando Sofia de seu sono profundo. Uma nova etapa em suas energias iria começar. O portal estava aberto. Rosa, Anthonio, Natan e Tereza tinham a continuação de seus intensos trabalhos em prol do despertar da consciência.

Anthonio

Anthonio se inquietava. Onde estariam todos? Onde estava sua esposa e seus outros filhos? Quanto tempo teria passado? Sua inquietação gerava angústia, mas acalmava-se ao olhar os girassóis. Era como se alguém lhe dissesse para tranquilizar-se e que tudo estava bem. Ele não podia enxergar, mas Natan, Tereza e outras formas sutis de energias personificadas emanavam pureza e tranquilidade para Anthonio e para Rosa. Rosa podia sentir um cheiro de verde, de mato, de frescor que invadia o quarto. Ela sabia que algo estava acontecendo. Ela sentia em seu coração a pureza do momento. Foi quando viu Sofia, linda e reluzente, apresentar-se ao lado da cadeira onde estava Anthonio. Ela percebeu que Anthonio adormecera suavemente, e que Sofia, acompanhada e ainda apoiada com amor por Natan e Tereza, observava seu pai com muito carisma e atenção. Rosa entendeu que havia ainda enlaces para serem resolvidos. Percebeu que o quarto e a vista dos girassóis eram um elo com os outros mundos. Ela não sabia como, mas entendia que estava inserida no contexto das cenas que estavam por vir. Ela sentia que fazia parte da família. Chorou silenciosamente, observando a amorosidade daqueles seres em relação a Anthonio, e até mesmo com ela. Sofia, Natan e Tereza sorriram suavemente para ela. Rosa fechou os olhos e se entregou em oração.

Rosa sentiu que, a partir dali, muita coisa mudaria em sua vida. Era como se sua missão neste corpo terreno estivesse tomando uma direção. A visão e o contato com os seres de luz comprovavam o que ela sempre havia sentido em seu coração. Havia outra vida. Realmente acontecia uma sintonia ou, quem sabe, um reencontro entre seres encarnados e seres desencarnados. Rosa entrava para uma nova escola a partir daquele momento, a escola do vivenciar o que já estava escrito dentro de si mesma.

Nossas memórias elementais

Os elementais, enquanto nesta forma, não podiam ouvir ou ver claramente o que estava acontecendo naquele quarto, mas podiam sentir e modelar as energias dos reencontros que ali se passavam.

As energias elementais, puras e serelepes, não têm a mesma visão que nós, seres humanos. Para eles, tudo é cor, tudo é movimento e vibração. Eles nos percebem, por exemplo, pelo toque do nosso coração, da vibração do tom de nossas vozes, dos movimentos rápidos ou não de nossos corpos. Neste momento em que escrevo, Sirilo e Serena me conduzem ao seu mundo muldimensional e colorido. Eles parecem crianças alegres que brincam incessantemente na feitura do bem. Eles se *aprochegam*, como se diz aqui no Sul. Uma brisa suave e cheirosa invade o local onde escrevo. Sirilo e Serena se apresentam como se fossem pequenas mosquinhas multicoloridas. Serena toda em rosa e Sirilo todo em verde. Ambos têm pequenas asas rápidas e alongadas. Seus movimentos são muito ágeis e são bastante inquietos. Voam de um lado para outro. Dentro deles há algo que me atrai demasiadamente. Sinto um amor me invadir. Um ensinamento entre reinos começa a se processar neste exato momento. Estou aqui, mas também já estou lá. E o que seria lá e aqui se não diferenças frequenciais de um mesmo lugar? Os dois se param à minha frente e me convidam. Eu os sigo. Meu coração palpita em agradecimento. Largo o teclado em que escrevo. Fecho meus olhos e sigo com eles.

A PASSAGEM PELOS PORTAIS

O cheiro de capim-limão purifica todo o meu ser. Sinto-me banhada pelo cheiro. É como se Sirilo e Serena me banhassem com água purificada com essa planta. Posso ver que dentro da água há, também, várias criaturinhas do bem unindo e reunindo moléculas, fazendo a liga da água. É inusitado para mim. Jamais havia sentido na água seres em movimento. Aqui, neste meu aqui e agora, porém, percebo os movimentos incessantes dessas criaturas que trabalham na feitura energética da água que me banha e me purifica. Eles soltam meus cabelos. Aqui sou exatamente a Daniela de hoje. Estou habitando esta mesma forma física, mas em outro corpo energético que viaja para o mundo de Serena e Sirilo. Minhas vestimentas se aderem em meu corpo, parece que várias folhas verdes o emolduram.

Sinto-me purificada e abençoada. Percebo que, agora, minhas orelhas se alongam como as de um gato. Elas ficam pontudas e alongadas. Todo este corpo em que minha energia está alocada se transforma. Ele fica esguio. Parece que toda a gordura vai embora. Minhas pernas e braços se alongam e afinam. Minhas mãos e dedos se transformam em suaves garras muito sutis. Parece que todo este corpo que está em transformação, está sendo preparado para adentrar no novo reino com Sirilo e Serena. Eles, telepaticamente, conversam comigo e me acompanham neste novo trajeto. Eu confio e permito que tudo se processe como tem de ser. Tudo é muito brilhante. Tudo é muito tranquilo e puro. Eu também ganho asas, pequenas asas que se movimentam incessantemente. Eu sorrio. Meu Deus, eu sorrio muito. Estou muito feliz com esta benção. Eles sorriem comigo. Lágrimas e sorrisos brotam em mim. Uma suave oração se processa em meu ser: "Obrigada, Jesus, por me possibilitar interagir com todos estes outros seres. Que eu seja digna, deste ensinamento".

É neste momento, neste precioso e imensurável momento que me vejo dentro do tronco da minha velha amiga laranjeira. Isso mesmo, meu velho amigo que, nesta existência, estando eu como Daniela, me carregou no colo e me ouviu infinitas vezes na minha infância. Este tronco que energeticamente se desloca de dimensão em dimensão é um grande e infinito portal de luz. Ele abre caminhos para ensinamentos em diversos reinos e eu o ativei, nesta existência, lá na minha infância.

Então, eu me encontro dentro do tronco da minha laranjeira, que ficava no terreno de nossa casa, em Butiá. . Muitos nós em minha garganta. Uma saudade invade meu peito. Parece que vou reencontrar algo ou alguém que não vejo há séculos. Não consigo controlar. Choro incessantemente.

Sirilo e Serena me acompanham silenciosamente. Vários caminhos multicoloridos e lindíssimos se abrem à minha frente. Cada caminho é coberto com infinitas cores, como se as estradas estivessem preenchidas de vários arco-íris. Ainda não posso adentrar todos aqueles caminhos, e permito que me conduzam. Percebo que um pequeno homenzinho vem em minha direção. Isso mesmo, um pequeno homenzinho, vestido com roupas marrons e tons de verde. Ele é bem pequeno. Parece um gnominho. Ali eu também estou bem pequena. Ele sorri. Os seus olhos são puros e serenos. Encontro naqueles grandes olhos, que não consigo dimensionar, a cor de uma sabedoria universal, uma pureza vibracional impossível de descrever. Em um tempo imensurável, eu consigo ver nos olhos dele imagens de minha infância, na qual ele também esteve presente, cenas inteiras de nossas conversas. Consigo perceber o quanto ele estava comigo e me conduzia. Quanta coisa eu consigo ver agora e entender o que antes eu não percebia. Ele continua olhando para mim. Seu coração me diz: "Seja bem-vinda". Eu agradeço. Também consigo me lembrar de um sonho que tive há uns quatro anos, no qual um senhor me pedia em silêncio, mas exemplarmente, para que eu cuidasse de grandes troncos de árvores que pareciam secas. Agora percebo que aquele senhor era ele, e que ele estava me pedindo para cuidar das minhas energias para que, um dia, eu pudesse ter este ensinamento que estou tendo no meu aqui e agora e no seu aqui e agora. Eu vivo agora, você lê agora. Este ensinamento se processa de alguma forma em mim e em você, amado leitor.

    Nossos olhares continuam a vibrar. Serena e Sirilo ainda estão ali. Meu coração pergunta silenciosamente ao homenzinho: "Quem é você?" O meu próprio coração responde: "Sou Damião. Também sou uma parte de você, porque todos somos um". É quando percebo que o mesmo Damião que percorreu comigo muitos momentos no livro *Caminhos de Morte e Vida*, assim como tantos outros escritos, é o homenzinho que me ouviu, que me ouve e que me conduz por lares eternos de sabedoria divina. Percebo, no aqui e agora, que Sirilo e Serena são nada mais, nada menos que Natan e Tereza e que, por estarem em outra dimensão energética, habitam outros corpos e resgatam seus nomes energéticos que pertencem àquela dimensão. Em outro momento falaremos de nossos nomes e de nossos corpos energéticos. Temos vários nomes energéticos, assim como vários corpos. Tudo faz parte de uma coisa só, mas estes nomes e corpos, que vamos galgando e relembrando, funcionam como chaves para entrarmos, aprendermos, sairmos e voltarmos das infinitas dimensões existenciais do ser. A plenitude divina é imensurável. Dentro de nós habitam infinitos seres. Dentro de Serena, de Sirilo e do homenzinho barbudinho e sábio, agora consigo enxergar meus velhos amigos, Tereza, Natan e Damião. Não consigo suportar. Solto uma grande gargalhada com este ensinamento.

Novos aprendizados

Tudo isso foi para explicar que Rosa estava adentrando, assim como eu, neste novo portal que já estava dentro dela, mas que apenas se abria dentro do seu Ser, para que ela pudesse acessar novos aprendizados para a existência terrena em questão. Imaginem que dentro de nós há várias caixinhas guardadas e que vamos tendo acesso às chaves e às caixas, além de tudo o que está dentro delas, de acordo com o nosso merecimento. Rosa estava abrindo uma dessas caixas e acessando o que estava dentro dela.

O sonho transcrito

Conforme eu havia comentado, transcreverei o sonho citado anteriormente. Chamei-o de "a árvore e seu alimento".

Em uma rua, com subidas e descidas, havia vários pinheiros, entre outras tantas árvores de grande caule, com cascas secas e sobressalientes. Chamou-me a atenção que eles apresentavam um tom marrom-claro, assim como as cores das folhas secas no mês de outono. Eles pareciam estar secos, quase mortos. Não conseguia ver as suas copas, pois estavam a uma altura que seria impossível de eu enxergar. Lembro que eu tentava vê-las, mas meus olhos ardiam. Eu queria ver lá em cima, mas algo me permitia apenas ver o que estava no meu nível. Todas aquelas árvores formavam uma grande rua. Ainda posso visualizar a rua com calçadas cheias de raízes e corrimões feitos de caules, além de muitos ladrilhos formados por folhas secas. Ao mesmo tempo em que eu me sentia naquela rua, me sentia apenas observando tudo de fora.

Repentinamente, surgiu um senhor. Um pequeno senhor com roupas muito simples passou por mim e olhou-me fixamente. Aquele olhar me parecia muito familiar. Ele tinha algo de alguém que eu conhecia. Eu o via tão pequeno e com o peculiar chapéu vermelho que chamava a minha atenção. Seus olhos e gestos ligeiros e certeiros me conduziam a observar tais cenas, nas quais ele era o ator e eu apenas a plateia. Ele passou por mim, sereno e tranquilo. Posso relembrar e escutar neste instante os leves assobios. Ele me olhava silenciosamente e passava de árvore em árvore. Aos poucos, me ignorou totalmente, ao menos foi o que senti. Ele seguiu fazendo o seu trabalho, entretido com o seu aqui e agora. Quando percebi qual era a sua ocupação, me envergonhei do fundo do meu coração. Eu senti a lição que estava aprendendo e soube que ela ficaria para sempre dentro de mim. Senti todo o amor que ele tinha por aquelas árvores. Sentia que nós, eu, ele e elas, éramos um só e que eu, Daniela, não fazia nada para ajudá-las.

O homem seguia e eu observava. Em seus quadris, ele tinha um pequeno pote com água. Em suas mãos, uma pequena, pequeníssima seringa. Ele enchia a seringa com água e injetava a água no caule das árvores. Ele ia de árvore em árvore, uma a uma. Cheguei a pensar sobre a utilidade de tão pouca água para tão imensas árvores. Contudo, eu percebia que o homenzinho dizia-me com os olhos que não era para eu julgar, e que aquela pequena porção de água daria muita vida àquelas árvores, muito mais do que a mente pudesse compreender ou alcançar. Erroneamente achamos que somos sábios, mas os verdadeiros sábios são os que compreendem a tudo e a todos, incluindo os reinos da natureza. Quando percebemos que todos somos um e que tudo gira em torno do amor, vamos reincorporando a verdadeira sapiência. Talvez nunca nos tornemos mestres ascensionados ou deuses, mas pelo menos vibraremos na Lei do Amor.

Ele continuava de árvore em árvore, de caule em caule. Seringa e água. Água e seringa. Meu coração batia mais forte. Uma esperança que eu não sabia de onde vinha tomava conta de mim. Hoje, ao descrever estas linhas, percebo que muitas energias ascensionais estavam presenciando a tudo e a todos. Eu estava em outra dimensão, mas traria também para o meu corpo físico tal ensinamento.

Eu percebia o quanto eu era egoísta com a natureza, ou quem sabe, com tudo. Eu sentia que, dentro de mim, o egoísmo enfrascava a minha consciência. Foi aí que me ajoelhei e orei. Chorei. No sonho, eu chorei. Pedi que Jesus me orientasse naquele momento. Percebi que tudo era um sonho, e que eu estava em outra dimensão, com a energia do meu corpo astral. Eu continuei orando e tudo ficou colorido. Tomei a consciência do meu desdobramento. Muitas energias multicoloridas se aproximaram de mim, mostraram-me que as árvores, com a pequena quantidade de água injetada em seus caules, se transformavam em pura energia vibrante e helicoidal. Vários círculos multicoloridos e concêntricos iam e viam dentro daqueles caules e partiam de todo o amor com o qual o pequeno senhor injetava a água. Eu conseguia enxergar com nitidez o movimento da seiva dentro das árvores, e também fora delas. Tudo parecia estar renascendo e em constante vibração. Eu podia ouvir uma música com o farfalhar das folhas que caíam ao chão e com as que renasciam no topo das árvores, que eu ainda não podia ver, mas podia sentir. Quando eu tentava levantar a minha cabeça para olhar as folhas lá no alto, algo ou alguém me sussurrava que precisava me ater no aqui e agora, no que estava à minha frente, não muito acima, nem muito abaixo. Eu entendia, então, que ainda não tinha merecimento para ir mais acima. Eu ficava ali, com medo de adormecer dentro do sonho e perder tudo aquilo, e também com medo de acordar no plano terreno. Tudo parecia uma linda canção, onde eu, o Senhor, os caules, as seivas e a água, além das luzes, vibrávamos em sintonia. Tudo girava. Tudo dançava. A vida se instalava dentro daquela linda dimensão. Não sei em que momento nem em que ponto eu adormeci dentro do sonho. Ao acordar, trouxe até mim tais lembranças e as transcrevi para o papel. Hoje, após outro sonho do gênero, compreendi que aquele havia sido o início, e outro, talvez, o meio, mas nunca o fim, porque nada acaba, apenas a vibração muda, reiniciando ciclos e mais ciclos. Hoje reconheço a energia de Damião naquele senhor de olhar sereno e consigo perceber meus amigos Natan e Tereza ao meu lado nesta grande viagem. Eles sussurravam em meu coração alguns ensinamentos, como o que em pequenos gestos se consegue mensurar as diferenças entre os seres humanos e que o amor, a compreensão e a ajuda sem cobrança, por menor que sejam, sempre farão a diferença.

ANTHONIO DESPERTANDO PARA A VIDA

Anthonio redespertara para a vida. Muitos anos se passaram, e as lembranças de quem era e do que acontecera ficaram em branco. Ele ausentara-se de si mesmo, como se em estado de choque com o que acontecera com Sofia. Inconscientemente, seu organismo psíquico buscou formas de ausentar-se do sentimento de perda de sua querida filha. Enquanto isso, Sofia tratava-se no mundo espiritual, religando seus corpos para a continuidade de sua evolução espiritual. Ambos, pai e filha, precisavam cumprir, mesmo que em dimensões diferentes, um trabalho de ensinamento à humanidade.

Ele sentia novamente seu corpo e sua mente. Ele podia sentir que estava vivo e algo em seu interior lhe brotava uma esperança. Algo dentro dele lhe confortava e lhe incentivava a prosseguir.

Anthonio olhava pela janela do quarto de Sofia. Ele percebia um movimento incessante de energias que circulavam a atmosfera do lugar. Um arrepio percorreu o seu corpo. Damião, Natan, Tereza e a própria Sofia aproximaram-se dele. Um choro incessante de despedida tomou conta dele. Ali, no quarto, com a vista dos girassóis e com toda a energia superior dos amparadores espirituais, Anthonio entregava-se à sua dor, a dor de ter perdido a sua filha amada. Essa dor havia ficado parada em um tempo indefinido, mas agora era colocada para fora, liberando a energia que ocupava dentro de Anthonio. Assim, novas energias poderiam renovar o seu interior.

Em nosso interior, muitas energias, com suas várias frequências, ocupam lugar dentro de nós. Há a necessidade de estarmos nos renovando a cada dia para que não deixemos escondidas energias pesadas e errôneas, que nos prejudicarão em momentos decisivos de nossas vidas. A auto-observação, o buscar-se de instante em instante renova e transforma as nossas energias no aqui e agora, nem antes, nem depois. Por isso, devemos viver a cada instante como se fosse o último. Nossos problemas mal resolvidos, mágoas, medos e desamores precisam ser compreendidos e libertados de dentro de nós. Cada ser, independente de seu estágio evolutivo, tem o seu livre-arbítrio. Mesmo as criaturas que vivem nos mundos interdimensionais têm livre-arbítrio e, na medida em que despertam dentro de si mesmos, vão ressurgindo na senda da evolução e vão ocupando espaços mais e mais elevados. Cada momento é momento de despertar. A cada despertar vamos libertando a nossa consciência que está enfrascada, adormecida e vegetando dentro de nós mesmos. Muitas vezes eu me pergunto: "Por que há tanto ódio na face da Terra? Por que nos preocupamos tanto uns com os outros, no sentido de prejudicar nosso irmão?". Se cada pessoa cuidasse de seu interior, se cada um de nós arrumasse a casa interior, tudo mudaria. Haveria mais amor e mais afeto entre as comunidades. Haveria o perdão, o colocar-se no lugar do outro. Perdemos precioso tempo existencial ao cobiçarmos o lugar do outro, ao invejarmos, ao odiarmos e ao maltratarmos nosso semelhante. O pior de tudo é que não sentimos que, para que se manifestem, foi necessário cultivarmos esses sentimentos errôneos dentro de nós e, antes mesmo de prejudicarmos nosso semelhante, nós já fomos prejudicados. A mola secreta para a nossa evolução interna, para a nossa libertação, está tão e somente dentro de nós. Todo o cenário, todos os atores e atrizes estão dentro de nós. O outro tem também o seu cenário, seus atores e atrizes que contracenam de acordo com suas energias. Mesmo que todos sejamos um, cada um, secretamente, tem seu cenário particular e necessário para a sua ascensão evolutiva na senda existencial do viver e do morrer.

Assim, Anthonio despertava e só agora e entregava-se ao choro. Sofia, ainda meio sem saber o que fazer, acompanhava a oração que seus amigos faziam naquele momento. Uma energia dourada envolvia o local. Um grande túnel também dourado se abriu naquela dimensão e, invisível a muitos olhos, humanos ou não, aqueles seres que se alimentavam de Anthonio, da energia de dor guardada, seguiam em comitiva para o túnel. A energia da oração guiava-os para também serem ajudados. Muitos não tinham formas definidas, eram apenas energias, eram seres que tiveram corpos físicos e que ficaram perdidos no mundo astral e que se associavam a Anthonio por sintonia frequencial. Nada é por acaso. Todos os nossos acompanhantes energéticos são convidados por nós para estarem conosco, e este convite não precisa ser verbal, ele está aberto nas dimensões a todos que tiverem a nossa mesma frequência vibratória.

O retorno à família

Sara retorna com Amaro do grande mercado. Rosa avista-os transpassando a grande porteira e vai correndo ao encontro deles. Eles percebem que algo de bom acontecera. O sorriso nos lábios de Rosa e seus gestos ligeiros de alegria confidenciam que algo maravilhoso estava acontecendo. Rosa grita: "O Senhor Anthonio acordou do pesadelo, Dona Sara! O Senhor Anthonio acordou do pesadelo!". Todos ficam muito alegres.

Anthonio avista da janela uma parte da grande porteira. Uma saudade invade-lhe o peito. Sua esposa está chegando. Quanta saudade ele sente dela. Quanta coisa ela deve ter para lhe contar. Neste momento, Anthonio percebe que nada guardou deste tempo em que ficou fora de si. Ele não consegue se lembrar de um dia sequer. Por mais que procure, não há memórias, a não ser a da morte de Sofia. A única coisa que lembra é de sua mulher vindo ao seu encontro, avisando da morte de sua filha. Nada, nenhum segundo depois disso ficou gravado dentro dele. Nenhuma cena, nenhum acontecimento, nenhuma alegria e nenhuma tristeza. Era como se ele tivesse se ausentado de si mesmo por muito tempo e agora retornasse a habitar a sua casa interna.

Anthonio sente-se fortificado e bem. Suas pernas ainda estão um pouco bambas, mas a sua mente e o seu coração estão renovados. Ele sai do quarto. Desce lentamente as escadas e observa a esposa, que abre a porta com um grande sorriso nos lábios. Ela grita: "Anthonio, meu amor!". Ele retorna: "Estou de volta, meu amor! Eu estou bem. Perdoe-me por ter estado tão longe e ter te deixado sozinha". Eles se abraçam. Um encontra o corpo do outro. Duas almas se reencontram e se abraçam. Ela chora e ri ao mesmo tempo. Ainda não acredita que seu marido está de volta. Ele percebe que muito tempo deveria ter passado, pois a esposa já está com vários cabelos brancos. A mulher comenta que os filhos foram estudar fora da cidade e que retornam algumas vezes por ano. Anthonio, com medo, pergunta-se quanto tempo deveria ter passado. A esposa, sentindo a inquietação do marido, comenta-lhe: "Meu querido, você ficou longe de tudo por longos vinte anos". Os dois abraçam-se e choram. Ela olha para ele e lhe diz: "Ainda bem que você voltou, meu querido. Eu estava me sentindo muito sozinha, sem você e sem nossos filhos". Anthonio diz: "Minha querida, eu jamais partirei novamente. Meu lugar é aqui, entre vocês. Eu os amo, mas fui fraco e fugi da dor que sentia. Sinto como se minha alma tivesse ficado adormecida durante todo esse tempo, como se eu estivesse em um coma profundo, meu corpo locomovia-se sem noção do que era ou fazia. Perdoe-me". Ela abraçava-o com muita saudade e alegria. Rosa e Amaro assistiam o enlace. Anthonio chamou-os para perto, dizendo: "Aproximem-se, meus amigos. É tempo de renovação. Vamos comemorar! A vida nos espera. Agradeço por estarem junto de minha família na minha ausência". Nesse momento, uma breve imagem passa na cabeça de Anthonio. Ele visualiza-se recebendo luzes do mundo astral enviadas por Amaro e Rosa. Ele sente que nada é por acaso e que os novos amigos têm energias curativas e boas. Agora não era a hora de comentar nada, e sim de viver o tempo perdido, dando graças ao bom Deus por ele estar vivo e melhor, consciente desta vida.

A esposa convida-lhe a sentar. Ele observou que tudo está muito limpo e bonito. A casa estava muito bem cuidada e equipada. Tudo parecia estar no lugar e organizado. Anthonio percebe que a situação financeira havia melhorado. A esposa comenta que estão muito bem financeiramente, que o ramo de girassóis está cada vez mais em alta e que, mesmo em meio a várias secas, os girassóis mantiveram-se produzindo. Ela comenta que acredita que alguma energia protege o lugar, não deixando as flores passarem necessidades. Ele supõe que Sofia tenha participação em tudo isso. Nesse instante, Anthonio sente a imagem da filha sorrindo para ele. Ele sabe que ela está ali. De alguma forma, a mediunidade de Anthonio aumentara durante esses vinte anos. O mundo espiritual parecia ter trabalhado nele, ascendendo suas escalas vibracionais de contato com os outros mundos. Ele sentia-se muito bem. Ele sabia que tudo que estava acontecendo era presente de Deus, e que alguma coisa esperava por ele.

Rosa comentou que faria uma refeição caprichada para todos. Anthonio concordou: "Estou faminto". A esposa sorriu e abraçou-se novamente ao marido. Ele disse que precisava banhar-se e vestir-se com roupas melhores. Estava se sentindo sujo e feio. Comentou que a esposa estava linda. Sara sorriu e sentiu-se lisonjeada. Sara comentou que também precisava banhar-se, afinal de contas, seu marido estava de volta. Um cheiro de rosas era emanado por todo o ambiente. Um cheiro de amor dominava o local. Rosa e Amaro também foram contagiados pela plenitude do sentimento que flutuava pela casa.

Sara e Anthonio subiam as escadas ansiosos. Os amparadores seguiam suas jornadas para outros locais de atendimentos. Deixariam o casal a sós. O amor os envolvia e os unia. Que maravilha! Entre amor e sexo, os dois seguiam unidos e alegres. Eles tinham um ao outro e sabiam que Sofia estava bem, mesmo que em outra dimensão. A chama do amor envolvia toda a casa. O amor, o sexo e a força transcendente dos girassóis criou moradas ascensionais no mundo astral, elevando os corpos que se entregam e curando os seus males.

Envolvidos em atmosfera amorosa, colocaram-se à mesa. Na grande ceia, muitas novidades são reveladas a Anthonio. Ele maravilha-se por como tudo está tão bem cuidado. Uma oração de agradecimento é entoada por ele. Os outros o acompanham. Anthonio sente a presença dos amparadores espirituais e sabe que a energia dos girassóis está, também, curando a todos. Ele visualiza sua ida, junto com Sara e seus amigos, ao campo de girassóis, e já deixa acertado para que na manhã seguinte todos sigam até lá.

É hora de dormir. Desdobramento astral.

Uma energia envolvente e inovadora redimensionada pelos girassóis e pelo amor envolve todo o ambiente. Células físicas e espirituais espiralam-se e colorem-se, transformando a matéria densa em sutil. Tudo é transformação. Nada é imutável. O amor transforma tudo o que toca. A vibração do amor cura o que parece impossível, transforma a doença em saúde, o medo em coragem, a derrota em vitória, a tristeza em alegria, o impossível em possível. Assim aconteceu dentro de todos os que estavam na vibração do puro amor.

É hora de dormir. Sara está envolta no elo do reencontro com seu amado Anthonio. Será a primeira noite, depois de muitos anos, que poderá dormir abraçada com Anthonio. Quanta saudade ela sentia dele, e quantas noites em claro havia passado, pensando na possibilidade de que ele nunca mais ficasse bom. Ela sentia que suas orações haviam funcionado. Ela sentia a presença de Deus na sua vida. Ali, deitada e abraçada a Anthonio, ela relembrava dos mantras que surgiam em seu coração quando não tinha sono e que serviam de remédio para que adormecesse. Ela lembrou que, em uma noite, quando uma forte agonia lhe envolveu a mente e o corpo, algo lhe conduziu a levantar de sua cama. Ainda em vestes de dormir, esta energia direcionou-a até o jardim dos girassóis. Chegando lá, sentiu uma forte energia amarela envolver-lhe todo o corpo. Era noite de lua cheia. As lágrimas corriam-lhe pelo rosto. Sara ajoelhou-se pedindo a Deus que aliviasse as suas dores, que cuidasse de Sofia, de seu marido e de seus outros dois filhos. Ela sentiu quando vários homenzinhos multicoloridos e brilhantes secaram-lhe as lágrimas e adentraram energeticamente o seu coração. Ela percebeu, meio em transe, meio não acreditando, mas sentindo e visualizando, que eles retiravam de seu coração uma energia escura e colocavam no lugar uma energia da mesma cor em que eles se apresentavam. Tal cena se processou por longo tempo, até que ela adormeceu no meio do jardim de girassóis. Os homenzinhos continuaram, mesmo depois que ela adormecera, a grande limpeza energética em Sara. Ela tinha coração puro e precisava ter forças para tocar a sua família. Todos precisavam dela.

O corpo físico de Sara adormecera, mas seu corpo astral, veículo que viaja para outras dimensões enquanto dormimos, adentrara em uma grande roda de cura. A energia de limpeza dos homenzinhos multicoloridos levava seu corpo astral para uma roda, onde várias energias personificadas, de vários reinos, encontravam-se em sintonia. Ali, no grande círculo, podia se visualizar os homenzinhos trabalhando dentro de cada um, nos seus elos pesados, em suas dores e revoltas que impediam que a energia ascendesse. Sara curava-se no meio daquilo tudo. Mesmo inconsciente, ela guardava em suas células astrais a limpeza energética que estava sendo feita e, quando acordasse, quando seu corpo astral acoplasse em seu corpo físico, muito do trabalho realizado pelo povo dos girassóis seria lembrado e sentido por ela.

Muitas vezes saímos em corpo astral inconscientemente e tomamos lições com vários seres de luz. Tais lições servem para o nosso aprimoramento na vida que levamos. Durante o processo de ensinamento, muitas vezes, não sabemos quem somos e o que estamos fazendo ali, e, em outras, a consciência do corpo astral é despertada para que não esqueçamos do que nos foi ensinado. Por isso, às vezes acordamos com uma sensação de que algo transformador foi feito enquanto dormíamos. Ao retornarmos para o nosso corpo físico, muitas informações são perdidas, devido à diferença de densidade entre o corpo físico, o planeta Terra e o corpo astral. Muitas células de memória se perdem nessa transição. Não podemos esquecer também que, além disso, temos os nossos egos que enfrascam a nossa essência e que também acabam envolvendo a nossa consciência, nos levando ao esquecimento. Só o amor real e verdadeiro pode libertar a nossa consciência do ego e da diferença de densidade entre as dimensões. O amor real traz a força da verdade consciente e nos transforma em seres que vivem o aqui e agora, aprendendo de instante em instante e transformando tudo o que tocam.

A energia dos girassóis envolvia o corpo físico de Sara, assim como seu corpo astral. Os homenzinhos trabalhavam nas várias dimensões existenciais do ser. Todos os canais energéticos, de pensamentos e de sentimentos, estavam sendo trabalhados pelos homenzinhos, para que Sara se sentisse mais leve e mais forte para prosseguir em sua vida.

Sara, deitada em seu quarto, abraçada ao corpo adormecido de Anthonio, lembrou-se que, naquele dia, acordara quando o sol já estava alto e que estava deitada em meio aos lindos e reluzentes girassóis. A princípio, no primeiro instante, ela pensou que tudo fosse um sonho ou uma ilusão de sua cabeça. Aos poucos, tudo ia ficando mais e mais claro e ia relembrando do tratamento que tinha recebido de seus novos amigos que habitavam a plantação girassóis. Ela sentia em seu coração que eles tinham vida e que podiam interagir com ela. Ela percebeu que não estava mais sozinha e, com isso, retornou a casa, alegre e esperançosa de que tudo poderia mudar. Ela não estava mais só. Sentia que estavam ajudando-lhe. Seu coração inflava de tranquilidade e de paz. Agradecia a Deus pela experiência. Foi assim que, aos poucos, Sara foi se sentindo mais e mais forte, reerguendo seus negócios, sua família e também sendo ajudada por seus amigos Rosa e Amaro.

Depois daquela noite, por todas as noites seguintes, Sara orava antes de adormecer. Em suas viagens astrais, os homenzinhos lhe ensinavam vários mantras, para que ela continuasse a sua autocura. Sara passou a ser amiga íntima dos homenzinhos e a interagir com eles, levando onde fosse a pureza que se instalava dentro dela mesma. Os girassóis cresciam imensuravelmente. A cada poda ou corte, orações eram feitas para que os amigos se recolocassem em outros corpos daquela mesma forma ou que continuassem a sua evolução. Sara percebia que muitos seres viviam e se aprimoravam dentro dos girassóis, e ia ensinando e repassando os seus ensinamentos a todos os que trabalhavam com ela. Seus filhos também interagiam com a energia evolutiva que Sara repassava. Ali, nada era desperdiçado ou maltratado. Sara sentia que todos os seres eram semelhantes e irmãos, mas que havia a lei da sobrevivência e que esta estava de acordo com a lei da evolução de cada um. Ano após ano, o campo de girassóis crescia imensuravelmente e alimentava as várias famílias que viviam do plantio, da poda e da colheita, assim como da venda de produtos derivados dos girassóis. Sara era uma instrutora do Bem, levando a cada família os seus princípios sobre os seres, cada um que recebia suas lições, reerguia seus corações no Bem.

Durantes os vinte anos que se passaram sem Anthonio, Sara construíra, com seus amigos, um grande templo no meio dos girassóis. Ela fora guiada por seus doces amigos para construir aquele templo e, ali, muitas pessoas vinham fazer as suas orações, sem distinção de raça, cor ou credo. O telhado do templo tinha uma grande abertura em formato de girassol e, por ali, penetrava a luz do sol, aquecendo e iluminando todo o ambiente. Todos se sentavam em posição de meditação e entregavam silenciosamente as suas orações. Ninguém era melhor do que ninguém. Às vezes, em horários pré-combinados, Sara direcionava lições explicativas sobre a interação entre os seres. Todos a ouviam com amor, porque ela explicava com amor e com pureza divina. No meu livro, *Permita-se: práticas de transformação pessoal*, você encontra práticas ensinadas a mim por Sara, assim como outras práticas de meditação e também de desdobramento astral. No final deste livro, você, amado leitor, também encontrará algumas práticas. Faça-as com amor que receberá e perceberá resultados surpreendentes em sua vida. Assim como Sara se transformou em uma grande sábia, em meio a uma grande confusão em sua vida, você pode transformar a tudo que o cerca e a si próprio, mesmo que hoje sua vida esteja uma grande confusão. Use o amor. Use o poder da oração. Se entregue. Ore e confie.

Sofia e Sara

Depois de passar vinte longos anos físicos, e um tempo dimensional imensurável adormecida e em tratamento pelo mundo espiritual, Sofia agora se fortificava a cada dia e relembrava, dentro de suas células etéricas, as várias missões que tinha se predisposto a realizar no mundo espiritual. Ela sabia que trabalharia arduamente e com muito amor junto de seus amigos girassóis, e eles, independente da forma em que estivessem, seriam seus fiéis amparadores espirituais. Serena ou Sirilo, Tereza ou Natan, Gnomo ou Damião seriam seus companheiros, além de muitos outros nas descobertas que viria a fazer e nos aprendizados que repassaria para o mundo físico e tridimensional. Ela sabia que seu pai e sua mãe terrenos necessitavam de seus conhecimentos para conseguirem repassar energias boas para aquele povoado. Ela sabia da importância de sua precoce morte, e que esta havia propiciado o desenvolvimento espiritual de sua amada mãe. Além disso, muitas pessoas buscavam o centro de meditações, ou que simplesmente ficavam conectados energeticamente a esta frequência de bênçãos, foram curadas internamente.

Sofia sentiu um forte puxão. Ela sentiu que seu corpo percorreu um amplo campo de girassóis. Dessa vez, ela sentia-se sozinha, pelo menos não via seus amigos com ela, apenas muitos girassóis. Ela seguia pelo vasto campo. Os girassóis estavam silenciosos, mas muito presentes naquele momento. Ela sentia que eles a observavam, mesmo que parecesse estar sozinha. A densidade do local não era tão leve quanto a que já estava acostumada, mas ela prosseguia. Ela seguiu em direção a uma grande colina. No alto dessa colina havia uma casa muito simples e pequena. Seu corpo sutil atravessou as paredes da casa. Encontrou, ali, deitada em uma cama de madeira, sua amável mãe biológica. Ela estava adormecida e parecia um anjo.

Sofia percebeu que sua mãe estava com uma boa aparência, mas que já estava bem mais velha fisicamente do que a última lembrança que ela tinha de Sara. Lágrimas brotaram dos olhos de Sofia. A saudade de sua mãe era intensa. Seu coração começou a doer e uma breve falta de ar tomou-lhe o peito. Muitos porquês momentâneos vieram à sua cabeça e ela se perdeu em devaneios. Nesse momento, adentraram ao pequeno quarto Serena e Sirilo, plasmados em forma de amigos girassóis. Eles energizaram Sofia e ela sentiu-se amorosamente protegida por eles. Ela, então, passou a observar o sono sereno de sua mãe. Sara estava adormecida em corpo físico e viajara no tempo e espaço, indo descansar na dimensão em que Sofia estava. Um leve despertar. Um breve, mas profundo encontro de mãe e filha terrenas, de Sara e Sofia, se faria naquele momento. O cheiro forte exalado pelos girassóis e reconhecido por Sara acordou-a. Tranquilamente, ela abriu os olhos e sentiu o puro olhar de Sofia, sua filha querida. Sara, antes de qualquer coisa, perguntou a si mesma se estava acordada ou dormindo e, como já estava acostumada com os desdobramentos astrais, percebeu que estava ao lado de sua amada filha, em outra dimensão, em outro corpo existencial. Percebeu, também, que tal momento era real e que poderia ser breve, devido a sua consciência astral, que poderia ser muito volátil pela intensa emoção que sentiu ao rever sua Sofia.

Sara levantou conscientemente da cama em que estava e firmou o olhar à sua amada Sofia. Ambas ficaram inertes, se olhando. Ambas sentiram o amor verdadeiro de mãe e filha. Um amor que nem mesmo a morte do corpo físico pôde minimizar. Sara presenciou nos olhos de Sofia a amiga de muitas existências, a companheira de muitas jornadas de vida, uma em prol da outra e ambas em prol da evolução espiritual. Ela sabia que o vínculo de mãe e filha era apenas terreno e físico, mas que o amor que as unia era transcendental.

Ambas se abraçaram. Foi nesse momento que eu, Daniela, mais uma vez, fui levada para assistir a essa cena. Damião segurou minha mão mais uma vez e me fez observar tudo o que acontecia. Ali, eu via almas que se uniam por meio do amor e propostas similares que se buscaram nos planos existenciais para serem concluídas. Eu me vi rodeada de amigos girassóis, de mãos dadas com Damião e, então, entendi que também fazia parte daquela história, que Sofia levava dentro dela partículas de mim. Ali, eu presenciei memórias de existências passadas nas quais eu havia sido Sofia. No mesmo momento, entendi o motivo das minhas muitas crises de asma e, até mesmo, da minha adoração por girassóis, além da extrema ligação que sempre tive com assuntos espiritualistas. Minha existência atual se correlacionou com a existência de Sofia e percebi que uma parte de mim, no hoje, tinha vindo dela. Ali, observando o esclarecedor olhar entre mãe e filha, eu entendi os vínculos maternais do retorno e da recorrência. Eu senti os elos amorosos que unem os nossos parentescos. E chorei, ah, como chorei em agradecimento pelo aprendizado. Elas não sabiam que eu estava ali. Era como se uma parte de mim estivesse observando uma cena da qual, agora, eu fazia parte. Ali, na minha frente, eu era Sofia e a presenciava falando com sua mãe, ou seja, minha mãe, naquela existência. Damião também não era visto ou sentido por elas. Era como se estivéssemos à parte de tudo aquilo, mas por dentro do ensinamento. Sara e Sofia conversavam enquanto durava a consciência astral de Sara. Sofia explicava-lhe com palavras que brotavam de seu coração que elas estariam sempre juntas e que muitos atendimentos espirituais seriam realizados durante as sessões de meditação no centro de Sara. O forte cheiro exalado dos girassóis refrescava as memórias de Sofia e permitia que ela repassasse algumas chaves esotéricas para sua mãe. Elas estavam felizes, mas, aos poucos, Sara não mais conseguia sustentar sua consciência astral e todo o cenário foi desmanchado. Sara voltara a adormecer, mas lembraria, quando retornasse ao corpo físico, de grande parte da conversa.

Mesmo que eu tivesse habitado o corpo físico de Sofia em uma época incerta, mesmo que eu tivesse sido filha de Sara, o maior aprendizado que senti naquele momento não foi em relação ao vínculo terreno, mas sim à serenidade com a qual Sara aproveitou seus momentos de consciência para sentir os ensinamentos da filha. Sara não se preocupou com nada, nem com quem era, nem para onde iria, tampouco quanto tempo teria, mas passou, desde o momento de seu despertar, a vivenciar instante a instante com muita sapiência. Ela não queria mais saber por que a filha tinha morrido ou por onde a filha havia andado. Não! Ela, com a sua sensibilidade espiritual, vivenciou o aqui e agora com Sofia, apenas absorvendo os ensinamentos e ouvindo. Ela não ficou presa a apegos de mãe e filha, e, sim, libertou-se em sintonia do amor de almas que se reencontram. Ali, eu entendi que nossos filhos não são nossos filhos, que nossos pais não são nossos pais, que todos somos almas sedentas de ensinamentos e que estamos vibrando em sintonia de amor. Uns em maior vibração e outros em menor. O amor eleva nossas vibrações, por isso é urgente amarmos uns aos outros, amarmos a nós mesmos e vivermos um momento de cada vez. Sara, independente do tempo que levou acordada no mundo astral, conseguiu sentir sua amada filha Sofia em sua plenitude.

Retorno agora a este teclado. Damião acaba de se despedir. Sara está acordando em sua cama ao lado de Anthonio. Sofia segue sua jornada na outra dimensão, acompanhada de Serena e de Sirilo. Eu, ainda confusa com esse ensinamento e essa revelação, sigo certa de que, logo, tudo se esclarecerá ainda mais, para que eu melhor me compreenda.

Sara abre seus olhos e sorri, ainda tem na lembrança os grandes olhos da filha. Ela sabia que tudo havia sido real. Sara ora e agradece pelos momentos que acabara de ganhar. É muito cedo, o sol mal está despertando, mas Sara levanta-se da cama, troca suas roupas e resolve ir até o centro de meditação. Antes, ela apenas olha amorosamente para Anthonio, sem acordá-lo. Então, ela segue. No caminho, encontra-se com Rosa e Amaro. Ambos buscavam o conforto do transe meditativo e se dirigiam, naquele amanhecer, para a energia concentrada dos girassóis que era emanada no centro de meditação.

Anthonio também desperta em seu leito. Observa que Sara não mais está na cama. Veste-se e, instintivamente, também se dirige ao núcleo dos girassóis. Todos já estão em meditação. Anthonio aquieta-se e busca um lugar perto de Sara. Ele fecha os olhos, faz sua oração e entrega-se.

Muitos mentores meditam com eles. Uma energia circulatória envolve os amigos. Sofia é chamada a participar. Os mentores levam-na ao centro de meditação de seus pais. Ela sente a energia da pureza divina e, mais uma vez, sente-se como se estivesse viva, não conseguindo distinguir entre vida e morte. Para ela, naquele instante, a vida e a morte são uma só, assim como, de uma forma ou de outra, também são para mim.

Sara, Anthonio, Rosa e Amaro sentem a pureza da meditação conjunta. Eles sentem na carne e na alma a energia envolvente daquele momento. Além de se alimentarem para retornar aos trabalhos e rotinas, eles alimentam suas almas para buscar a transformação de si mesmos. Todos, ali, são almas inquietas, que não conseguiram viver a vida simplesmente sem saber o motivo real do existir.

2
SIMPLESMENTE ROSAS
Pelas energias de Rosa

Sei que fui fruto de um grande amor, embora eu carregue comigo a tristeza de ter perdido minha mãe após o meu nascimento e com ela não ter convivido.

O meu pai me rejeitou, achou que, ao olhar para mim, não conseguiria me perdoar por ter lhe tirado Julia, a mulher que tanto amava.

Minha avó Valentina me criou com muito amor e me deu o nome de Rosa, que fora escolhido por minha mãe. Minha avó sempre me disse que não tive culpa por minha mãe ter partido após o meu nascimento, que foi Deus quem quis assim, mas as atitudes de meu pai não deixavam que eu pensasse o contrário. Ele pouco nos visitava e, quando aparecia, não conseguia olhar nos meus olhos. Eu podia sentir a sua tristeza por não ter minha mãe com ele e a força que fazia para me aceitar.

Na casa de minha avó havia, nos fundos, um grande jardim que fora feito por minha mãe, formado principalmente por rosas. Minha avó me falava que elas eram a paixão de minha mãe, que ela dizia que as rosas tinham uma energia forte, que lhe transmitiam paz, e que, um dia, ela teria uma filha que seria mais uma rosa de seu jardim, por isso o meu nome Rosa. Após essa conversa, ela me entregou uma foto de minha mãe. Ela era linda. Guardei-a sempre comigo.

Ali era tudo muito lindo. Minha avó contratou um jardineiro, o Sr. Pedro, que cuidava do jardim com carinho. Eu vi, muitas vezes, percorrer o caminho das rosas uma mulher de roupa clara, com uma rosa branca na mão. Eu não conseguia ver seu rosto. Quando falei com minha avó sobre isso, ela chorou e me convidou para acompanhá-la. Eu tinha sete anos. Seguimos o caminho, que era o mesmo percorrido pela mulher. No final dele havia uma sepultura e minha avó, emocionada, me falou: "Aqui está enterrada tua mãe". O lugar estava coberto de pétalas de rosas e, sobre elas, uma rosa branca. Vi no rosto de minha avó a surpresa por encontrar o lugar daquela forma. Ela me disse: "Você já está uma mocinha e já pode vir visitar a sepultura de tua mãe quando quiser. Tinha receio de lhe trazer aqui, mas depois do que me contou, acho que é o que tua mãe deseja".

O local tinha um cheiro forte de rosas. Muitas vezes senti o mesmo perfume em outros lugares. Ele me fazia sentir protegida por minha mãe, que, muitas vezes, me trouxe tranquilidade por meio de sonhos. Passei a gostar das rosas de uma forma especial, principalmente as brancas, que me acalmavam quando eu me sentia triste. Acreditava na energia delas. Minha avó contava que podia sentir o que minha mãe sentia ao lidar com as rosas, uma profunda paz.

A propriedade era grande e minha avó dizia que o desejo de minha mãe era construir ali um lugar de repouso, onde as pessoas se sentissem acolhidas na velhice.

Guardei isso na memória. Depois de adulta, terminei meus estudos e resolvi dar início ao sonho de minha mãe. Quando falei com minha avó, ela se emocionou e disse: "Minha querida, parece que estou escutando tua mãe falar. Vou te ajudar no que for preciso.

Com algumas reformas, poderemos realizar o sonho de tua mãe". Assim, criamos o Lar Rosa Branca. Ali, abrigamos vários idosos.

As rosas do jardim pareciam mais belas desde que o lugar, com esse fim, começou a funcionar. Sr. Pedro seguia cuidando delas com muito amor. Minha avó me ajudava em tudo que podia.

Contratamos Márcio, um médico amigo, duas enfermeiras e também uma cozinheira chamada Lurdes. Ela era amiga de minha mãe e, quando soube que realizaríamos o sonho dela, quis trabalhar no lar. Ela dizia ter o dom da vidência, que já sabia que o lugar seria construído e que ela trabalharia conosco.

Vivíamos felizes, até que, depois de um tempo, ficamos abalados com a guerra que ocorreu e devastou a região. Tivemos de abrigar mais gente do que podíamos. Tivemos dificuldades para manter o lugar, pois muito do que tínhamos também fora atingido com a guerra. Muitas vezes chorei escondida, sem saber o que fazer. Então, Lurdes aparecia e me dizia: "Tua mãe pediu que eu te entregasse essa rosa branca". O impressionante é que as rosas que eu recebia permaneciam por muito tempo iguais, como se fossem recém-colhidas. Vários dias depois, elas seguiam exalando um perfume que me acalmava, e eu renovava minhas forças para continuar.

Pedi a Lurdes que colocasse em todos os quartos uma rosa branca. Orei muito com a certeza de que tudo passaria, e realmente passou. A guerra acabou, mas deixou destruição e muitos mortos.

O convento que ficava próximo à nossa propriedade fora destruído por um incêndio. As freiras não tinham para onde ir. Abrigamo-las no nosso Lar e permitimos que se instalassem em uma parte da fazenda e ali fizessem o convento. Com a ajuda de voluntários, conseguimos consertar o que fora destruído e fazer as reformas necessárias.

Minha avó observava o lugar com admiração. Ela comentou: "Tu tens a mesma determinação e a bondade de tua mãe, mas precisa cuidar um pouco de ti, casar, ter filhos". Eu lhe respondi que tudo o que construímos ali me bastava, que eles eram minha família.

Um tempo após essa conversa, minha avó faleceu. Ela foi sepultada ao lado de minha mãe. Senti tanta falta dela... Deixou-nos muita saudade e vários ensinamentos.

As freiras nos ajudavam com trabalhos voluntários, além de fazerem encontros para oração, que todos participavam com prazer.

Eu sentia tudo aquilo como uma missão que precisava ser cumprida. E era a de minha mãe também, pois sempre senti a presença dela em vários momentos.

O local onde minha mãe, e agora também minha avó, fora enterrada era um mistério para todos. Sempre havia sobre a lápide muitas pétalas de rosas e uma rosa branca. Os pedidos que ali eram feitos, eram atendidos. As freiras oravam muito no local e pediam pela humanidade. A energia do lugar era muito boa e isso se refletia nas flores, no canto dos pássaros, na paz que o lugar proporcionava e em todo o Lar. Nunca quis morar em outro lugar. Eu fazia minhas viagens para resolver os negócios da família, mas sempre retornava.

Meu pai, na última vez que o encontrei, chorou quando me olhou nos olhos e me pediu perdão. Tive irmãos que nunca conheci. Fui uma parte descartada da vida de meu pai, e assim deixei que permanecesse. Não quis me casar, pois eu sabia que não poderia dar filhos a homem algum. Eu tinha uma doença no coração, e uma gravidez seria arriscada. Tive medo de que meu filho crescesse sem mãe, assim como eu. Apenas Lurdes e a Irmã Marta, além do médico, sabiam da gravidade da minha doença.

Passado algum tempo, a minha doença começou a dar sinais. Eu sentia-me estranha e muito cansada. Os sonhos com minha mãe passaram a ser frequentes. Acho que ela sentia o mesmo que eu, preocupação pelo lugar e medo de que, com minha partida, o Lar acabasse. Foi quando resolvi falar com meu advogado e, após longa conversa, procurei Lurdes e a Irmã Marta. Elas se mostraram amigas fiéis com o mesmo propósito que eu, dar continuidade ao lugar. Deixei por escrito meu desejo de que o Lar fosse administrado por elas, mantendo sempre o que ali tínhamos. Senti-me leve. Com as duas administrando tudo, pude apreciar mais o lugar e descansar. Ao Márcio, pedi que olhasse sempre por todos, com a mesma dedicação que sempre cuidou de mim e de todos ali, pois sabíamos que a qualquer momento eu poderia deixá-los. E ao Sr. Pedro, nosso jardineiro, eu pedi que me enterrasse ao lado de minha mãe e de minha avó. Ele me respondeu: "Você é muito jovem para falar em morte". Meu querido amigo não sabia que eu já estava condenada há alguns anos.

Durante a noite, sonhei com minha mãe e com minha avó. Elas estavam em um lindo caminho florido e sorriam para mim. Acordei sentindo o cheiro das flores. Caminhei por todas as partes de nosso Lar e conversei com todos. Senti que precisava fazer isso. Sentia em cada visita o ar da despedida. Estive também no convento. Orei com as freiras. À tardinha, andei pelo jardim e nele caí. Senti que meu tempo chegara ao fim. Olhei para o caminho de rosas e minha mãe estava ali, com as mãos estendidas para mim. Olhei meu corpo caído ao chão e prossegui com ela, deixando-o para trás.

Na casa, Lurdes entra em meu quarto e percebe que a rosa branca colocada ao lado de minha cama havia murchado. Nesse momento, ela me procura por todos os lados e me encontra caída no jardim. Pede que chamem o médico, mas nada mais pode ser feito. No fundo, ela já sabia que isso iria acontecer.

Após o meu funeral, o vento cobre a lápide com pétalas de rosas e uma rosa branca também surge entre elas. Um perfume se espalha no ar. Todos se põem a orar.

O lar foi mantido conforme meu pedido. As sepulturas se tornaram um lugar de oração, no qual os milagres ocorriam de acordo com a fé e o merecimento de cada um, e as rosas se encarregavam de espalhar seu perfume e paz. As roseiras plantadas próximas das sepulturas sempre tinham rosas, e a branca sempre se destacava.

3
A LARVA E A ARANHA – A CEDÊNCIA
(Extraído da energia existencial de X que se conectou a seus mundos internos, buscando a evolução dentro de si mesmo e buscando sua própria verdade.)

Uma pequena larva cresce e se desenvolve conforme as leis da natureza. A cada instante, o ritmo acelerado de crescimento transformará seu corpo em borboleta.

Uma grande aranha se aproxima e prende a pequena larva com as patas. Inicia-se o ataque. A larva vira o alimento da aranha, sente-se sugada e dolorida. As garras, as picadas e o veneno a deixam imóvel e enfraquecida. Ela sente que não chegará a ser uma linda borboleta, que não chegará a formar asas coloridas para ganhar o espaço infinito.

A larva cede-se à aranha. Ela percebe que a aranha carrega inúmeros filhotes em seu corpo. A lei do mais forte entra em ação. A lei da cedência se processa. A pequena e indefesa larva percebe que, apesar de tudo, servirá para a sobrevivência de outros seres em desenvolvimento. Entregando-se à lei da cadeia alimentar, na qual o maior come o menor, a larva entrega-se sem mais resistência, cumprindo sua parte. Já sem energia, a larva sente uma luz que a alcança, envolvendo-a docemente e transformando-a em parte da natureza. A grande lei da transmutação acontece, sem dramas, expectativas ou mágoas. O viver e morrer apenas pelo viver e morrer. Etapas evolutivas necessárias para o ser foram percorridas. O habitar de muitos reinos e indizíveis corpos para o aprendizado evolutivo. Almas que evoluem e ascendem.

4
MIGUEL E O CÃO
Pelas energias de Miguel

Caminhando pela rua, em uma noite escura de inverno rigoroso, escutei grunhidos ao meio de entulhos. Quando me aproximei, vi que dentro de um saco havia vários filhotes de cachorro, e que apenas um sobreviveu. Quando o agarrei, ele se encostou em mim, como se me pedisse ajuda. Levei-o comigo, bem perto do meu peito, para que se aquecesse. Ao chegar em casa, o enrolei em uma coberta quentinha. Após algum tempo, ele se mostrou esperto e faminto. Alimentei-o, aos poucos, com um pouco de leite misturado a angu de milho.

Quando o olhei, já não parecia o mesmo. Seus olhos tinham um brilho e algo que me tocou profundamente. Surgiu entre nós um amor muito puro. Dei-lhe o nome de Max. Ele parecia me entender e me conhecer cada vez mais, a cada dia. Quando percebia que eu estava triste, logo pegava algo para que eu brincasse com ele.

Esse animalzinho preencheu a solidão que há algum tempo morava na minha vida. Sentia-me só desde a morte da minha esposa que eu tanto amava e que partira após uma pneumonia. Não tivemos filhos. Acho que Deus não quis que os tivéssemos.

Max passou a ser fundamental para mim. Entendíamo-nos apenas no olhar – o dele era sempre muito expressivo. Era como se, de algum modo, nos conhecêssemos. O tempo que permanecemos juntos fora um grande aprendizado, não só para mim, mas tenho certeza de que para os que conosco conviveram. Éramos um exemplo de amizade e de cumplicidade. O amor incondicional nos fortalecia e nos ensinava que não existe solidão que não possa ser preenchida. Sempre nos é colocado no caminho alguém que nos ensine a dividir esse amor que guardamos dentro de nós.

Minha casa era simples, e meus vizinhos eram um casal de amigos – Dona Eulália e Juvenal, moradores antigos do lugar. Estes comentavam o quanto minha vida estava mais alegre desde que aquele cachorro havia aparecido, e que ele foi um presente para que eu não me sentisse só. Foi quando me lembrei de um sonho que tive com Teodora, minha esposa. Nele, ela me chamava e me mostrava algo que me deixaria feliz e a ela também. Vi apenas algo se mover, mas não cheguei a ver o que era. Esse sonho se repetiu várias vezes. Hoje percebo que era o cão que ela tentava me mostrar, pois, desde que o encontrei, não tive mais o sonho.

Os anos se passaram, Max cresceu e sempre estava junto a mim. Meus vizinhos achavam engraçado, pois ele não me perdia de vista. Parecia me cuidar o tempo todo. Quando alguém se aproximava, ele observava e, se sentisse que não era amigo, logo latia.

A última vez que sonhei com minha esposa, ela estava muito bem. Ela sorria para mim, não estava preocupada comigo, nem triste.

Quando ela faleceu, sempre visitava seu túmulo para orar por ela. Max passou a me acompanhar. Enquanto eu orava, ele ficava deitado, calado, como se sentisse o mesmo que eu: saudade.

Não refiz minha vida com outra mulher. Sei que não encontraria em outra a cumplicidade e a sintonia que havia entre eu e minha esposa, por isso quis permanecer só, vivendo com minhas lembranças e com o que me restara.

O passar do tempo trouxe-me uma fraqueza imensa. No fundo, eu já percebia que meu tempo aproximava-se do fim, mas eu tinha muito medo de partir e deixar Max sozinho. Ele parecia sentir minha aflição.

Já havia passados dez anos, e nós sempre estivemos juntos. Em uma tarde, fui à casa de meus vizinhos e pedi a eles que, se algo me acontecesse, tomassem conta de Max para mim. Após aquela conversa, nos surpreendemos ao olhar para o cão, que estava deitado perto da porta. Percebemos sua tristeza. Ele parecia chorar.

Passado algum tempo, meu problema de saúde se agravou. Eu me sentia ainda mais fraco e debilitado. Max permanecia sempre ao meu lado. Pressentia nossa separação.

Naquela manhã de primavera, saí para caminhar um pouco e me senti cansado. Parava para descansar de vez em quando. Max andava sempre junto. Colhi umas flores no campo. Estavam lindas. Pensei em minha esposa, que tanto gostava de colhê-las. Ao chegar em casa, sentei em minha cadeira de balanço e ali fiquei. Permaneci até que meu corpo fosse encontrado. Max latia em minha volta, tentando me despertar. As latidas chamaram a atenção dos vizinhos, que foram até minha casa e me encontraram já desencarnado. Logo providenciaram o enterro.

Max acompanhou todo o funeral como o grande e inseparável amigo que sempre foi, e no lado de meu túmulo permaneceu.

Meu vizinho Juvenal levava água e comida para ele. Max percorria os lugares por onde andávamos. Com o tempo, passou a comer no lugar onde morávamos, mas sempre retornava e dormia ao lado da sepultura, sempre tristonho, cabisbaixo.

Minha amiga Eulália comentava com os vizinhos que o cão aparecia para comer, mas logo retornava para o lado da sepultura, e ela não sabia o que fazer. Isso prosseguiu por alguns anos, até a noite em que ocorreu uma forte tempestade, na qual Max não resistiu à chuva e ao frio que fazia, e foi encontrado sem vida, ao amanhecer, por Juvenal. O casal fez questão de enterrá-lo ao lado de minha sepultura. Juntos, seguimos um novo caminho. Tudo tem uma forma de acontecer. Tudo tem um começo, um fim e um recomeço.

No planeta, todos os seres vivos são energia, interligados uns aos outros e ao grande cosmo, por meio do amor que fala a língua universal e coloca todos na mesma sintonia, mesmo a longa distância.

5
LUCÉLIA E OS PÁSSAROS
Por Damião

Em uma época imprecisa, em um tempo que não foi descrito linearmente, pelo menos para mim, Lucélia apareceu. Faz muitos anos que sua história se passou pelos caminhos de meu coração e somente agora consigo descrevê-la em branco papel. Hoje é dia 30 de janeiro. Escrevo escutando o barulho incansável e renovador do Sr. Mar. O canto dos pássaros, o brilho imensurável do Sr. Sol e a suave brisa que toca meu corpo são meus companheiros físicos neste momento. Toda a energia em minha volta é pura vibração. É indubitável a presença de Damião ao meu lado, assim como da energia em movimento, mas não personificada, de Lucélia. Uma parte de mim se transporta para aquela época.

O CENÁRIO
Grandes colunas gregas estão erguidas à minha frente. Subo densas escadas, moldadas com figuras em formato de várias plantas. São folhas das mais variadas espécies desenhadas em paredes brancas. Um vento forte, quente e aconchegante é sentido em meu rosto. Tudo ainda está intacto. Parece que tudo está me aguardando e,

com um estalar de dedos, a história se processará novamente para mim. Subo largos degraus. Agora vejo muitas pessoas a trabalhar. Muitos homens vestidos com vestimentas da Antiga Grécia. Mulheres com cabelos presos e encaracolados, os ombros à mostra. Uma beleza fascinante. Estou em um grande castelo, com muitas torres que parecem colunas. Muitas escadas espessas que adentram recintos. Muitas pessoas trabalhando, outras conversando e muitas apenas caminhando. Sinto que não percebem a minha presença. É como se eu tivesse feito uma viagem no tempo na qual consigo observar a tudo, mas sem ser vista ou notada. Subo mais e mais. Adentro um grande salão. Ali estão sentados e em conversa Ranion e Sales.

Ranion é mostrado como se fosse um rei local, e Sales, o seu braço direito. Ranion está preocupado. A seca avassaladora está tomando conta de todo o reino. Consigo ver, através dos olhos de Ranion, que a apenas alguns quilômetros do castelo há várias áreas montanhosas, e que ali fica outro povoado. Vejo-os, como se conduzida nas areias do tempo, e em questão de segundos, que essas pessoas sofrem, pois repassam para o castelo quase todos os seus suprimentos, vivendo na mais completa miséria e fome, além de padecerem das muitas doenças causadas pela desnutrição que acometem o povoado.

Avisto Apolo, guardião daquele povoado, e sinto grande aperto em meu coração. Ele já está em idade avançada, tem cabelos longos e grisalhos, acompanhados de uma grande barba. Usa vestimentas muito longas, uma grande túnica que protege seus braços e mãos. É como se usasse vestimentas de um mago. Elas são, na verdade, vestimentas da época e propícias para aquele calor e aquele tempo. Apolo está ajoelhado perante um grande altar, no qual vários deuses estão desenhados em pedra branca. São figuras salientes e indescritíveis. Vejo que uma delas mostra a figura da deusa Ísis. Emociono-me por sua beleza, mesmo que em pedra. Meu coração continua a doer. Consigo escutar a oração enaltecedora de Apolo. Ele ora por seu povo. Ele ora para que os deuses supram a fome e a sede de seu povo. Pede que os deuses cuidem deles e renovem seus alimentos. O impressionante é que sinto a fé de Apolo. Sinto que ele tem a certeza de que será ajudado. Seus deuses jamais o abandonaram e não será agora que os abandonarão. Apolo é cego, mas, mesmo cego, é conduzido por energias existenciais. Ele vibra com as cores e com o canto dos pássaros. Posso dizer que os pássaros conduzem Apolo. Sua frequência vibratória é tão encantadora que os deuses possibilitaram-no se comunicar com os pássaros. Assim como conversamos em nossa língua com os seres humanos, Apolo conversa na língua dos pássaros e como se fosse um deles. Na verdade, ele já foi um deles e nós também já fomos. Até mesmo você e eu. Repassamos reinos e mais reinos na cadeia existencial e temos em nosso DNA existencial ou vibracional as memórias de tudo o que já fomos e presenciamos. Em um dia, em certo momento, conseguiremos unir todos esses ensinamentos e finalmente seguiremos rumo ao nosso Pai.

Apolo ajoelha-se em oração. Breve, suave voz sai em ritmo de mantras. Sinto todo o ambiente ser invadido de puro Sol, como se os deuses abrissem seus olhos e acalentassem o coração de Apolo. Vejo-o levantar-se dali. Ele usa um grande cajado. Talvez este o oriente em sua locomoção. Todo o povoado se mostra para mim. São muitos trabalhadores. Eles plantam e aram a Terra, mas tudo está muito seco, quase morto. Vejo muitas crianças que fogem, sem rumo, de todo o sofrimento que seu povo está passando. Sinto em meu coração a pureza do lugar. Sinto-me ali. Eu sou dali. Eu estive ali. Sinto grande amor por tudo aquilo e uma imensa vontade de ajudar. Contudo, Damião aperta minha mão silenciosamente e me diz que sou apenas uma espectadora. Não faço parte dali neste momento, apenas estou viajando no tempo e observando o que já se processou. Eu entendo, fecho meus olhos e entro em oração. Damião me acompanha. Não quero perder essa sensação tão pura que o lugar me transmite. Percebo que eles dividem, sem dor, todo o alimento que têm. Tudo é coletivo. O alimento que lhes resta está no solo árido e seco. Muitas raízes são mastigadas vagarosamente. Percebo que estas os suprem da fome e da sede. A vida continua ali.

A esperança está presente em cada coração. Eles sabem que os deuses estão lhe protegendo.

Apolo caminha vagarosamente pela terra seca, acompanhado de três homens de meia idade. Eles sobem uma grande montanha. Vão se agarrando entre as raízes e pequenos arbustos. Muitas horas se passam na subida. Eles continuam quietos, mas em oração. Parece que os quatro estão se dirigindo a um grande santuário. Eu sinto que estão em uma missão de fé. Eles finalmente chegam ao topo da montanha. Todo o povoado é avistado dali, inclusive o branco e imponente castelo onde vivem Ranion e sua filha Lucélia. O Sol está alto. Já é perto do meio-dia. Eles sentam-se, dividem suas raízes e buscam a sombra de uma grande árvore. Sentam-se juntos, em posição de meditação. Apolo e seu povo meditavam, entregando-se aos deuses. Eles acreditavam que, em um ponto mais alto, assim como o topo daquela montanha, suas energias seriam mais claras em suas orações. Por isso eles se afastavam semanalmente em um retiro meditativo de fé e de entrega. Eles não tinham medo da morte, mas pediam que seus filhos e que os filhos de seus filhos tivessem uma vida melhor. Não pediam ouro ou roupas, muito menos bel prazeres da vida, apenas pediam paz e alimento. Pediam vida.

Acompanhei Apolo e seus amigos por várias vezes ao topo daquela e de outras montanhas. Ficávamos ali por imensurável tempo. Eu ficava preenchida de amor e repassava para as pessoas tudo o que ali recebia. Ele, talvez, não pudesse me sentir, mas eu o sentia. Isso já era o suficiente. Eu me sentia ganhando mais e mais presentes de Deus somente por poder estar ali. Eu conseguia sentir em minhas veias a fome e a sede daquele povo, mas, ao mesmo tempo, percebia que eles superavam os infortúnios com a fé renovada a cada dia. Eram magros, sim. Estavam fracos fisicamente, mas tinham esperança e não ficavam sofrendo pela situação que estavam vivendo. Eram guerreiros de luz e, como tais, viviam um dia de cada vez, renovando-se de toda a carga negativa que poderia alimentar as suas mentes. Eles viviam pelo coração, porque se vivessem pela mente já estariam mortos há muito tempo. A fé gerava neles a confiança de que tudo estava melhorando. A partir daí foi que percebi quantas coisas eu poderia mudar na minha vida terrena. Foi aí que percebi que vivia muito com minha mente, e que ela sugava a energia de meu coração. Então, eu orei junto com Apolo e seus amigos. Sentei-me ao seu lado, junto com Damião, e pedi por meu povo da Terra. Pedi por mim e por todo o meu povo, para que cada um de nós pudesse sentir o nosso coração, retirando toda a maldade e a maledicência que há em nossas mentes, por mais puros que achemos que somos. Você, que está interagindo comigo nestas linhas, transporte-se até essa montanha, onde eu, Damião, Apolo e seus amigos estamos em oração. Ore conosco. Feche seus olhos. Tire uns minutos para você. Viaje até aqui. Ore por seu povo. Ore por nosso povo. Tenha fé e se entregue. Boa viagem. Volto a repetir, se todos somos um, todos fazemos parte dessas histórias.

Uma grande águia branca sobrevoava aqueles povoados. Ela era imponente e sábia. Sobrevoava as redondezas, tanto do povoado quanto do reinado. Trazia notícias para Apolo, assim, ele conseguia perceber que o reinado também estava precisando de ajuda. Apolo orava por todos, mesmo por aqueles que, comandados por Ranion, saqueavam o seu povo. Ranion era egoísta, mas nem sempre fora assim. Ficara assim desde a morte de sua esposa, acometida por morte inesperada. Ela era tudo para ele. Depois de sua morte, ficara apenas com Lucélia, sua filha, por isso a guardava a sete chaves. Não deixava que Lucélia saísse dos limites de seu reinado. Em sua cabeça, ele estava protegendo Lucélia de tudo que poderia lhe trazer maus pensamentos e sentimentos. Ranion não era mal, estava, sim, revoltado com os deuses pela morte de Áthina, sua esposa. Acometidos pelas graves secas que permeavam a terra, achava justo retirar do povoado vizinho para alimentar a corte. Nos momentos de cegueira, Ranion acreditava que todos deveriam alimentar o seu povo, principalmente a sua filha, que não poderia perceber as crises pelas quais estavam passando. Para ele, nada era mais importante do que preservar a filha, já que sua esposa havia morrido.

Lucélia parecia uma rainha. Todos faziam tudo por ela, a pedido de seu pai. Mesmo assim, seu coração era triste e inquieto. Ela queria ser livre. Ela tinha muita vontade de sair por altos portões. Ela queria conhecer o mundo. Seu coração dizia-lhe que havia algo esperando por ela. Ela não sabia o que, mas sentia em seu coração que algo a esperava. Seu quarto ficava ao lado do quarto de seu pai, em uma das grandes torres. Ela conseguia avistar terras longínquas que pareciam acabar após várias montanhas ou paredões de pedras. Ela queria saber o que havia depois das montanhas. Ela chegava a sonhar que transpassava as montanhas. Ela queria muito ir até lá.

Lucélia acordava com a luz do sol, quando este mostrava suas vestes, iluminando a tudo. Lucélia abria seus olhos e, então, sentia em seu peito forte vontade de fechar seus olhos em louvor aos deuses. Ela fazia tudo isso em segredo. Todos naquele reinado eram proibidos de louvar aos deuses, depois da morte de sua mãe.

Ela foi se transformando em uma linda mulher, pura e inquieta. Aos poucos, a energia solar foi lhe conduzindo a meditar. Nos momentos de oração, Lucélia foi descobrindo as fugas de seu espírito. Percebeu que, naqueles momentos de entrega aos deuses, ela podia ir além dos muros do castelo. Lucélia viu que, logo que o sol aparecia, uma grande águia branca reluzente e imponente sobrevoava a sua janela. Parecia que a águia lhe dava bom-dia. Lucélia imaginava que a ave lhe acompanhava em sua meditação, e sempre a cumprimentava nas suas manhãs. Ambas ficaram amigas. Amigas silenciosas. Uma sabia da presença da outra e sentiam-se energeticamente.

Certo dia, Lucélia estava indisposta e triste, porque na noite anterior havia conversado com seu pai sobre sair dos muros do palácio. Ele lhe disse que, caso ela saísse dali, a mataria. Lucélia assustou-se com tamanho ódio que viu nos olhos do pai, mas não o julgou, apenas entristeceu-se. Seu pai lhe disse que, atrás dos muros, havia muitos animais selvagens que a matariam, então, ele a mataria primeiro. Lucélia surpreendeu-se, porque acreditava que atrás dos muros havia amigos de puro coração, assim como o dela. Seu pai lhe disse que não, que tais pessoas eram ladrões e malfeitores, e que se soubessem que ela era a princesa Lucélia a matariam, por isso, ele preferia matá-la primeiro. Em seus momentos meditativos, uma parte de Lucélia já visitava energeticamente o povoado. O povoado e ela, assim como a águia, já estavam em sintonia.

Vivenciando energias

O interessante de vivenciar tais energias é que pude adentrar no pensamento daquela época. Pude sentir que Ranion, por mais que parecesse, não era mal. Ele estava apenas equivocado e ressentido. Era como se uma energia negativa o conduzisse por meio do ressentimento que cultivava pela morte de sua esposa. Olhei silenciosamente o seu semblante. Percebi que ele ia contra sua própria natureza. Notei que a tristeza por ter perdido sua esposa, unida com todos os sentimentos processados pelo luto, levaram-no a esquecer a sua verdadeira e também pura natureza interior. Eu sentia que naquele homem de semblante carrancudo e ressentido havia brilho de amor. Eu orei por ele. Fechei meus olhos e pedi que minha oração viajasse, assim como eu, no tempo e no espaço e libertasse as energias tão pesadas daquele Ser que habitava, naquele momento, o corpo físico de Ranion.

Damião colocou as mãos em minha testa e, como em um passe de mágica, me vi em outra cena, em outro lugar, mas na mesma época. Presenciei o nascimento de Lucélia. Quanta alegria! Quanto amor! Quanta dedicação! Todo o reino estava em festa. Todos estavam imersos na energia daquele nascimento. Eu conseguia visualizar os altares cheios, repletos de flores para os deuses. O berço da mãe de Lucélia, assim como o seu berço, estavam cobertos de flores. Tudo era flor. Tudo era harmonioso e alegre. Ranion estava cheio de agradecimento aos deuses e agradecia de coração pelas bênçãos alcançadas. Consigo visualizar o momento em que ele chega à grande sacada do castelo e avisa a todos que Lucélia nascera. O povo grita.

O povo chora e ri. Nasce a abençoada criança em uma linda noite de lua cheia. Os oráculos a abençoam como a princesa da lua. Muita energia é transformada com as preces e os agradecimentos a partir desse nascimento. Naquela época, o povo vibrava com seu reino. O povo do reinado e os que viviam após as colinas eram um só. A harmonia imperava. Comungavam de uma mesma energia familiar. Até que veio a morte de Áthina, associada também a grandes secas, assim como as mágoas crescentes de Ranion. Toda a energia ficou em uma espiral descensional. A mágoa foi tomando conta de Ranion, que contagiava a tudo e todos. O sol brilhava como antes, mas já não era mais percebido pelo povo, que estava triste e perdido. Pude perceber a diferença entre o amor e a raiva na energia de um governante. Apenas um homem pode mudar uma nação inteira. Todos somos irmãos e todos somos deuses, mas precisamos aprender a lidar com as energias divinas dentro de nós para construirmos um universo verdadeiro e sereno. A sintonia de Ranion com o amor e com a gratidão gerava sustentação para aquele povo. Já a raiva destrutiva que ele começou a alimentar gerou tristeza, fome e doenças. Por isso é sempre importante analisarmos que energias carregamos dentro de nós. Transformá-las é urgente. Devemos parar de nos queixar disso ou daquilo e fazer algo por nós. Precisamos ficar atentos aos nossos sentimentos e orar, isso mesmo, orar, estar atentos àquilo que se processa erroneamente dentro de nós e que conduz a nossa existência a um vale de lágrimas. Uma pessoa pode, sim, mudar o mundo. Jesus Cristo muda a vida daqueles que os sentem. Você pode mudar sua família cultivando e repassando o amor que há dentro de você. Nada está perdido. Tudo ainda pode ser salvo. Isso só depende de mim, de você e de nós. Se cada um de nós gerarmos amor, mudaremos um grande raio energético à nossa volta. Experimente e depois me escreva. Eu aguardarei com amor pela sua transformação e, por conseguinte, pela nossa transformação, porque todos somos um.

Foi nesta oração por Ranion que senti todo o amor que estava abafado dentro dele. Como o amei naquele momento. Amei-o como irmão. Amei-o como alguém que precisa de colo, como alguém que precisa chorar e desabafar. Ranion estava cego dentro da própria fúria. Sales era apenas seu súdito, apenas cumpria as suas ordens. Ele preferia não pensar no que acontecia. Era apenas um fiel serviçal ao seu rei.

A MISSÃO

Foi, então, que retornei e fui conduzida ao quarto de Lucélia. Ela encontrava-se em posição de meditação. Damião e outros amigos espirituais estavam com ela em outra dimensão. A águia sobrevoava naquela terceira dimensão e, vez ou outra, soltava o seu canto. Era como se ela cuidasse do corpo de Lucélia enquanto esta viajava com seus corpos energéticos meditativos. O Sol estava alto e forte. Tudo brilhava. Lucélia encontrava-se em meditação com Apolo. Ela não sabia quem ele era, mas sentia que era amigo. Ela não entendia muito bem o que acontecia quando meditava, mas sentia que era algo verdadeiro e transformador. Ela não sabia que os animais tinham uma língua própria, mas sentia de coração que a águia se comunicava com ela. Nada era explicado, mas era sentido e vivenciado por Lucélia. Não havia dúvidas. Havia descobertas graduais. Tais descobertas alimentavam a inquieta Lucélia e a faziam esperar pelo momento certo para cumprir a sua missão, que ela sabia que a esperava. Ela amava o seu pai, mas sabia que ele não faria mais parte, pelo menos fisicamente e dali para frente, de sua vida. Ela estava pronta. Seguiria.

Lucélia pressentiu que chegara o momento. Fugiria de lá em busca de uma resolução para suas inquietudes. Ela despediu-se silenciosamente de tudo e todos. Chorou muito, porque sentia que, talvez, jamais voltaria ali. Tentou, mais uma vez, conversar com o pai, mas ele não aceitou e voltou a dizer que a mataria. Lucélia orou por ele e pediu que os deuses o abençoassem. Era madrugada. O castelo dormia. Apenas uma grande coruja observava atentamente os movimentos de Lucélia. Ela sabia que este era um sinal, e que a coruja a acompanharia na jornada. Lucélia vestiu uma grande capa e seguiu sua viagem em busca do que ela sentia que existia. Ela não sentia medo, sentia apenas tristeza por estar fazendo aquilo daquela forma. Ela amava seu pai e seu povo, mas a fuga era necessária e inadiável.

A cada trecho do trajeto, a coruja se mostrava visível, então, Lucélia percebia que estava no caminho certo. A noite era escura. A lua parecia esconder-se. Lucélia cansou. Viajara a noite toda e boa parte do dia seguinte. Escolhera uma grande oca, preenchida com folhas, e deitara-se. Ali, já no amanhecer do dia, entregou-se ao cansaço. Seu coração, apesar de estar seguindo seu destino, sentia que algo transformador estava à sua espera. Seu corpo físico descansou e seus outros corpos energéticos seguiam aprendizados em outras dimensões.

ÁTHINA

Amanhecia no castelo. Ranion, arrependido pela discussão na noite anterior com a filha, resolve ir até seu quarto. Ele sonhara com sua falecida esposa, que pedia que ele amasse e libertasse sua filha da sua própria mágoa. Nos constantes sonhos que Ranion tinha com a esposa, ela explicava-lhe que nada ocorria por acaso e que tudo tinha uma finalidade, assim como a morte dela. Ela dizia a Ranion que tanto o povo do reinado quanto o povoado das colinas eram pessoas como ele, e que ninguém era melhor do que ninguém. Ranion sempre a abraçava pedia desculpas por toda a fúria que cultivava em seu coração. Ele acordou do último sonho chorando compulsivamente. Quanta saudade sentia de sua bela Áthina! Ela era a sua vida. Ela era a sua inspiração. Por que os deuses tinham-na tirado dele? Por quê? Ranion havia acordado e sua revolta foi ainda mais alimentada ao dar-se conta de que tudo fora apenas um sonho. As lembranças das palavras de sua esposa cintilavam em sua mente. Breves sussurros do mundo espiritual faziam-no lembrar de que ele era uma pessoa do bem e que tudo o que estava para acontecer não precisaria acontecer. Mesmo assim, Ranion fechava-se em seus lamentos e murmúrios negativos. A energia amorosa e reveladora dos amigos espirituais que ali estavam não conseguiam transpassar a matéria física de Ranion e penetrar em seu mundo mental, para clarear, pelo menos um pouco, os pensamentos de vingança e de morte. Naquela luta do mal contra o bem, ou seja, do interior negativo que Ranion alimentava e de seu abafado, mas também seu, mundo positivo interno, Ranion suplicava, sem perceber, por auxílio. Ele sentia-se doente e perdido, mas não poderia, jamais, pedir ajuda aos deuses. Inconscientemente, ele não queria mais sentir todo aquele ódio, ele não queria matar a filha, caso ela fugisse. Parecia que Ranion sentia que isso estava prestes a acontecer. Por isso, naquela manhã, resolvera ir conversar com a filha. Resolvera abrir seu coração e explicar o porquê de mantê-la presa, assim como resolvera, também, acompanhá-la em uma jornada fora do castelo, já que aquele era seu sonho. Pela primeira vez, depois de muitos anos, ele ajoelhou-se e orou silenciosamente, suplicando a quem lhe ouvisse, que lhe ajudasse com o povo faminto e triste que vivia nos arredores do castelo. Ele envergonhava-se de alimentar-se enquanto os outros não tinham o que comer. Então, seu coração voltava a doer, mas, dessa vez, não pela morte da esposa, e sim pelo sofrimento do povo, que um dia confiara nele e que agora ele não ajudava. Foi com essa energia que Ranion adentrou o quarto de Lucélia. Tamanha foi sua surpresa! Tudo estava vazio. E, como um relâmpago repentino, a raiva e o ódio, que estavam cedendo espaço ao amor e ao perdão dentro dele, retornaram mais e mais fortes.

Ranion gritava. Ranion expelia ódio de seus pulmões. Sua filha, sua Lucélia, o traíra. Sua Lucélia o abandonara, assim como os deuses. Ele chamava desesperadamente por Sales. Gritava para ele a encontrar e a matar. Ele não iria suportar mais ver a filha viva depois de revoltosa traição. Nesse momento, muitas energias psíquicas e espirituais, de seres encarnados e desencarnados, com formas personificadas ou não, alimentavam-se dos sentimentos errôneos e negativos que eram liberados dele. Um banquete invisível, mas perceptível, era fornecido por Ranion a todas as criaturas sofredoras viventes de mundos inferiores. Ele esvaía-se energeticamente e não percebia.

Sales, a mando de seu chefe, sai desesperadamente à procura de Lucélia. Enquanto cavalgava, deixava que lágrimas rolassem de seus olhos. Ainda nutria em seu peito os momentos alegres que vivera com aquela família e com seu amado amigo Ranion, antes da morte de Áthina. Ele pedia aos deuses que o ajudassem. Não queria encontrar Lucélia, nem que isso lhe custasse sua própria vida. Não iria tirar a vida da linda jovem que vira crescer em tão exuberante beleza e pureza. Sales pensara em matar-se, assim, não precisaria cumprir a façanha que seu chefe incumbira-o. Ele orava e cavalgava, perdido entre colinas e pedras. Não sabia onde estava indo, mas ia.

Enquanto Sales cavalgava, energias luminosas e puras cavalgavam ao seu lado. Ele não percebia, mas Áthina estava com ele, lhe pedindo que não tirasse a vida de sua filha. Áthina, que já habitava dimensões superiores existenciais, orava para que Sales a compreendesse. Sales, mesmo sem ver nada, sentia que não poderia matar Lucélia, mas teria de levar algo para Ranion como prova de que fizera o que havia sido mandado. Sales também sabia que, se não levasse nada como prova da morte, Ranion o mataria e enviaria outros para fazerem o que ele não tinha feito e, assim, Lucélia estaria em perigo. "O que fazer, então?" – Sales se perguntava.

Havia se passado um dia e Sales não encontrara Lucélia. O sono tomara conta dele. Resolvera descansar. Tomou um pouco de água e mordiscou pedaços de raízes que carregava em uma pequena bolsa. Mesmo naquela missão, ele sentia que algo estava protegendo-o e ajudando Lucélia. Sales adormecera com a cabeça em uma pedra, mais uma vez em oração, pedindo clareza sobre as atitudes que deveria tomar, caso encontrasse Lucélia. Ele confiava nos deuses e saberia que não o abandonariam. Uma grande cadeia energética do bem se formava ao redor do corpo adormecido, alimentando-o de amor e de misericórdia divinos. Uma parte de mim orava e observava a tudo. Eu me sentia parte integrante da cena. Ao meu lado, Damião, de olhos fechados e repleto de energia amorosa, me ajudava e me acalmava. Eu queria ajudar, mas apenas podia assistir a tudo. Eu estava em viagem nas areias do tempo, conhecendo partes minhas viventes daquela época.

A VISÃO DE APOLO

Em um espaço físico muito perto dali, Apolo entregava-se em meditação. Ele preenchia seus corpos energéticos de puro amor. Sentado à beira da alta colina, acompanhado de seus três amigos que também meditavam, Apolo buscava interagir com o universo físico e espiritual. Ele podia não enxergar o Sol, mas sentia-o plenamente dentro de si. Enquanto Apolo entregava-se, a imagem do rosto de uma mulher lhe era mostrado. Energeticamente, ele dá as mãos a ela, seca-lhe as lágrimas e a conduz ao seu povoado. Apolo chorara com a imagem. Aquela mulher era muito parecida com a deusa Ísis. Seu olhar era doce e puro. Imediatamente, saiu de seu transe. Ficara assustado com tamanha revelação. Ficara assustado com o que sentira. Sabia que aquela mulher estava prestes a passar por seu caminho e que ele teria de unir todas as suas forças para protegê-la. Ele não sabia de quem se tratava, mas sabia que era uma mulher enviada pelos deuses, e que ela, somente ela, tinha em si a salvação para o seu povo. Ele não sabia como e nem quando, mas sabia que ela seria a guerreira que conduziria seu povo novamente à alegria e à cura de todas as cicatrizes de fome e mágoa.

Apolo conta aos seus amigos que também meditavam o que acontecera. Avisa-os da importância de ajudarem aquela pessoa. Nesse momento, a grande águia sobrevoa o local em que os homens conversam e grita três vezes, como se os avisando de que aquela mulher estava muito perto dali. Apolo entende a águia e sente que a mulher precisa de ajuda naquele momento. A águia conduz Apolo a descer e a seguir em direção ao castelo. Os homens acompanham Apolo e acreditam na sua intuição. Eles saem em busca de algo desconhecido, mas valioso. Eles não sabem que se trata de Lucélia, a filha de Ranion e da amada Áthina, mas sentem a importância de ajudá-la. A ida até o castelo dura cerca de três dias a pé. Há vários caminhos que poderiam levar mais de uma semana, ou talvez jamais chegassem lá. Eles poderiam se perder. Apolo podia ser cego, mas era conduzido pelas energias, por seus amigos homens e também pelos pássaros. A águia era a importante condutora física. Os amparadores espirituais não os deixavam desistir ou desviar do caminho.

Os olhos da coruja

Lucélia acorda com o canto estridente da águia. Ela assustou-se ao sentir que alguém a observava. Sales, em prantos, a observava. Ela o vê ajoelhado aos seus pés e em oração. Ela sente que ele não a fará mal. Sales pede perdão a ela e conta-lhe o que ele está fazendo ali. Abre seu coração a Lucélia, dizendo-lhe que tem de arranjar alguma forma de levar a seu pai algo que o faça pensar que ela está morta. Nesse momento, a coruja, que até então apenas conduzia Lucélia quietamente, desce, bate suas asas e para entre os dois. Ela olha para Lucélia e olha para Sales. Ela fica assim, a observar os dois atentamente, sem se mexer. Um momento de transe se processa. Os três se olham e se sentem. Há uma sintonia de trocas e valores. Duas espécies, três almas, três sentimentos naquele momento. Repentinamente, assim como a coruja aparece, ela vai embora. Lucélia entende o presságio que a coruja veio mostrar. Sales deve arrancar os olhos de Lucélia. Ela poderia não mais ver o Sol, mas poderia continuar a sentir a vida e seguir em sua missão que, cada vez mais, vibrava em seu coração. A coruja também havia cumprido uma de suas missões. E eu cada vez mais entendia a interação e os avisos dos animais para nós. Eu me emocionava ao sentir que todos somos realmente um, tanto animais, quanto vegetais, minerais, seres humanos ou até mesmo energias que habitam outras galáxias. Tudo tem uma única energia criadora, o Amor.

Sales e Lucélia se olham diretamente. O olhar esclarece tudo. Nada mais a falar. Nada mais a pensar. Sales retira do bolso um pequeno punhal, junto com alguns grãos e um recipiente com água.

Esclarece que não poderá demorar-se muito, porque Ranion devia ter mandado outras pessoas à sua procura. Quanto antes chegasse com a notícia da morte de Lucélia, menor seria a chance de outras pessoas encontrá-la. Nada se pensou. Nenhum trato foi feito ou falado. Nenhum dos dois cogitou o que aconteceria com Lucélia depois da extração de seus olhos. Eles apenas confiaram. Eles apenas seguiram a orientação de seus corações. Se Sales chegasse com os olhos de Lucélia no castelo, não haveria dúvidas de sua morte. Lucélia não estava com medo. Enquanto isso, eu, Damião e todos os muitos amigos espirituais que se apresentavam em pura doação, oravam por aquele momento. Sales ajoelhou-se, erguendo o pequeno punhal e pedindo orientação à lei Divina aos deuses. Aproximou-se de Lucélia. Esta desmaiou. Sales esquentou seu punhal no atrito com a pedra e queimou a pele dela para rasgá-la. Extraiu seus olhos. O sangramento logo parou e Lucélia acordou. Ela mesma pediu para que Sales fosse embora. Ela sabia que algo ou alguém a ajudaria. Sales abraçou-a e seguiu em direção ao castelo. Nova noite se processou. A lua estava alta e iluminada. Lucélia não podia vê-la, mas podia senti-la. A coruja piava baixinho, permitindo que Lucélia se mantivesse lúcida. A lua e a amiga coruja, além de muitos amigos invisíveis, zelavam pela melhora de Lucélia. Apolo se aproximava. A águia os conduzia. Avistaram Lucélia deitada e quase sem forças. Apolo pôde sentir a presença iluminada da mulher, daquela que fora enviada para uma salvação. Ele sabia que ela, e somente ela, herdaria o seu dom, o de compreender a linguagem dos pássaros. Uma amizade, um reencontro, uma cura, uma esperança, um recomeço. Almas amigas, caminhantes do destino. Os homens carregaram Lucélia até o povoado. Ela chegou muito fraca. Muitas ervas e plantas antissépticas e cicatrizantes foram utilizadas. Muitas orações foram entoadas. O povo, por mais fome ou trabalho que estivesse passando, se reunia em cuidados com aquela que fora enviada pelos deuses. Todos, ao vê-la, tiveram a certeza de que Lucélia era a filha amada de Ranion e Áthina. Ela era igual à sua mãe. Eles guardavam com amor e devoção a imagem de Áthina em seus corações, e sentiam um grande amor por Lucélia. Muitos dias se passaram até que Lucélia pudesse se recuperar. Ela se sentia muito fraca e triste. Por mais que tentasse, sentia toda a fúria de seu pai, e isso a entristecia. Sua tristeza interna atrasou a melhora de suas energias. Os amparadores espirituais envolvidos nos raios da medicina uniam forças na recuperação de Lucélia. Áthina seguia ao seu lado lhe passando bons fluidos de mãe. Apolo vinha, muitas vezes ao dia, conversar com Lucélia. A esperança no coração dele crescia com a melhora dela. Ele pressentia que algo muito bom estava prestes a acontecer. Ele ouvia os pássaros e estes lhe contavam segredos sobre as sementes que eram plantadas nas terras do castelo. Lucélia, aos poucos, foi interessando-se mais e mais pelas conversas do amigo Apolo com os pássaros. Ela desejava também ouvi-los. Ela podia senti-los em seu coração.

Meditação

Era dia de festa. Lucélia banhara-se e vestira uma linda túnica cor de telha. Ela estava linda. Parecia uma deusa do sol. Tudo nela brilhava. Ela fora convidada para meditar com o grupo e ficou feliz em sentir a energia pura da primeira meditação com eles. Ela sentia que todos ali estavam em busca de liberdade. Todos ali tinham uma grande causa: lutar pela vida. Lutar e espalhar o bem e a igualdade entre os povos.

Lucélia, entregue em gratidão, agradecia, a partir dali, por todos os dias de sua vida. Agradecia pelos amigos puros que a salvaram. Orava por seu pai e por Sales, seu fiel amigo. Ela sabia que um dia reencontraria os dois, assim como sentia a presença de sua mãe sempre por perto.

Em uma noite de lua cheia, a princesa da lua sobe com Apolo e seus amigos ao topo da grande colina ladeada de pedras e plantas. O cheiro do mato e o brilho da lua sentido em sua pele erguem-na energeticamente. Uma nova fase de ascensão se inicia para o povo. A fé gera transformação. A meditação começa e Lucélia sente a lua entrar em seu coração. Aquele brilho adentra os vários corpos existenciais de seu ser. Ela se visualiza organizando grandes plantações, o povo plantando, colhendo e comendo muitos grãos. Ela entende que se processa o recomeço. Ela sente os deuses da agricultura em suas veias e recorda, naquele instante, de ensinamentos sobre a terra e sobre plantações aprendidos em suas aulas no castelo. Ela teria de conseguir aqueles grãos para começar a plantação. Ela visualizou muitos pássaros vindo em sua direção e, na frente deles, como um líder, a grande águia. No momento em que sentiu os pés da águia em seu ombro enquanto meditava, ela avistou seu próprio corpo caminhando sobre uma vasta plantação. A águia cantou depois de se instalar no ombro esquerdo de Lucélia. Todos abriram os olhos. Apolo não pôde ver, mas sentiu com o coração aquele momento de bênçãos. Muitas lágrimas de agradecimento rolaram nesse momento. Uma nova etapa. Uma nova colheita. O recomeço.

Lucélia contou da experiência que teve durante a meditação. Contou da viagem que seus corpos existenciais e superiores fizeram em outras dimensões atemporais. Apolo pressentiu que os pássaros poderiam ajudar. Eles poderiam trazer as sementes das áreas próximas do castelo e, assim, eles poderiam recomeçar a plantação. A alegria renovou a esperança naqueles corações. Eles tinham a certeza da colheita. Os deuses estavam com eles.

Os amigos esperaram o amanhecer e desceram a íngreme montanha. A águia seguiu com Lucélia. Apolo sentiu-se mal, tombou e caiu. Todos se aproximaram. Ele, já sem voz, disse aos amigos que havia chegado a sua hora. O sol se erguia no horizonte. Apolo pediu para sentir as mãos de Lucélia. Quase sem forças, entoou uma oração envolvendo a tudo e a todos em pura gratidão. A águia batia suas asas e cantava. Um suave vento soprava e as últimas palavras de Apolo foram de entrega de seus dons para a escolhida e pura Lucélia. Todos oraram pela boa partida do corpo físico de Apolo. Áthina deu as mãos para Apolo e acompanhou-o em sua nova jornada. Parecia que, ao desencarnar, Apolo nos enxergava, ou pelo menos enxergava Damião. Ele estava em paz e um suave sorriso se expressava em sua face. Parecia que esse desprendimento lhe aliviava de um grande peso ou pesadelo. Uma equipe de luz preparada para o reconforto espiritual dos recém-desencarnados acolhia Apolo. Entre eles, havia muitos amigos espirituais que já haviam me ajudado e me ensinado lições. Muita paz se processava em meu coração. Talvez aquele tenha sido, até aqui, o desencarne mais tranquilo que eu tenha presenciado. Apolo já estava em ascendente evolução. Agora teria apenas de ser amparado para recarregar-se energeticamente e para limpar seus corpos de germes astrais que carregamos em nossas existências. Uma breve sinfonia foi ouvida por mim. Uma música angelical já conhecida era entoada pelos amparadores. Eu me sentia quase que flutuando e podia ver as luzes multicoloridas que circundavam o ambiente. Nós éramos apenas um, sem dúvida.

O APRENDIZADO DAS ROUPAS VELHAS

Um ensinamento prático e inesquecível foi-me repassado naquele instante. Apolo desencarnou suavemente e reforçou-me a questão de que nosso corpo físico não passa de uma roupagem. Eu vi. Eu senti. Eu presenciei aquele desencarne naquela dimensão. Eu vi quando uma luz, com formato similar ao corpo de Apolo, saiu do seu corpo físico. Foi como se ele tivesse tirado suas próprias roupas e se banhado em luz. Imagine que você tenha tirado toda a sua roupa deixando-a organizada no chão como se alguém a vestisse, ou que você tenha se desfeito de roupas velhas que não lhe servem mais. Foi assim que eu vi o corpo de Apolo. Organizado e vestido no chão, mas morto, sem brilho ou vida. O que anima nossa vida é a nossa energia existencial, a qual talvez possamos chamar de alma, apesar de não ter certeza de que essa energia, que é multidimensional, multicolorida e de puro amor, se resumiria em uma única palavra chamada alma. No entanto, por agora, até que aprendamos mais, vamos chamá-la assim. E é com lágrimas nos olhos que escrevo estas linhas, sentindo novamente a energia transformadora e reveladora. Enquanto Apolo ressurgia em outra dimensão, muitos pássaros homens e homens pássaros acolhiam-no.

Evolução

Apolo repassara para Lucélia o dom de compreender os pássaros. Ele não estava doando nada do que já não fosse dela. Estava apenas acelerando o processo. Todos nós temos dons, em maior ou menor grau, mas os deixamos adormecidos dentro de nós. Como já falei anteriormente, todos somos deuses, apenas precisamos trabalhar sobre nós mesmos para resgatar dentro de cada célula física ou extrafísica essa condição. Ser um deus não é apenas ter poderes, é muito, mas muito mais do que isso. Ser um deus é sentir cada célula, morta ou viva, física ou não, dentro de si mesmo. É tornar-se o todo. É ser o todo. É amar ao todo. O amor e a misericórdia divina são os companheiros leais de um deus. O amor é compreendido por um deus em sua plenitude, pois ele é o próprio Amor. Ele é o próprio Pai. A misericórdia divina os orienta unida com o Amor, porque ele é o Todo, ele sente o todo e sofre imensuravelmente pelo todo.

Lucélia já havia aberto o canal energético para que aquele tipo de dom se tornasse fluente dentro dela. Em sua passagem pelo reino animal, já havia compreendido a linguagem dos pássaros, já havia sido um deles e sentido a plenitude de suas energias. Por isso ela os compreendia. A amiga águia, já sua fiel companheira, a partir daquele momento, se tornou mais clara ainda. Ele pôde ouvir cantos imperceptíveis aos ouvidos humanos. Ela ouvia entoações jamais sentidas antes e sabia, em seu coração, que vinha dos amigos pássaros. Ela podia sentir o coração da águia e conversava com ela silenciosamente, por sintonia vibracional. Os pulsos frequenciais se processavam e, cada vez mais, ela ouvia o que os outros nem imaginavam que existia. Ela percebia os pequenos movimentos com a sua aguçada audição, que ia além da matéria física. A águia orientou-a levar o corpo de Apolo para o povoado.

Ela acordou como se de uma espécie de transe. Conversou com seus amigos e decidiram deixá-la ali, zelando pelo corpo de Apolo enquanto os outros iam buscar ajuda e uma forma de transportá-lo. Apolo havia pedido várias vezes que não gostaria de rituais no seu pós-morte. Ele gostaria de ser queimado em uma grande fogueira e pedia que apenas orassem por sua libertação, para que ele se libertasse das teias de matéria densa que habita o plano existencial terreno. Lucélia relembrou seus amigos de prepararem a grande fogueira, na qual seria colocado o corpo de Apolo. Então, os homens seguiram a sua jornada. Lucélia ficara ali, orando e zelando por seu amigo. Ela não estava triste pela morte de Apolo. Compreendia que a vida era apenas uma passagem. Ela sentia que aquele corpo, agora gelado e quieto, era apenas uma parte de matéria que logo se transformaria em alimento para outras formas existenciais terrenas. Ela sentia que seu amigo já estava bem, e em outro plano. Entregou-se, então, calmamente em oração. Nela, pedia pela libertação de Apolo, sentia a imagem de seu pai Ranion. Isso a intrigava, mas ela continuava. Apolo, de certa forma, fora um pai para Lucélia, mesmo que nunca tenha visto seu rosto. Ele a ensinara sobre a vida e a morte, com amor e devoção. Ela era agradecida a Apolo, por tê-la salvado, e a seu pai, por ter lhe dado a vida. Quanta saudade ela sentia do pai. Poderia ter sido diferente. Lucélia pensava isso, mas, aos poucos, voltava a concentrar-se nas orações para Apolo. Várias cenas em ambientes distintos se processavam durante as orações. Em uma delas via seu pai, agitado e nervoso, mas rodeado de energias boas dos amigos espirituais querendo ajudá-lo e, em outra via Apolo, adormecido e sendo energizado por muitas mãos amigas dos amparadores do bem. Ela não entendia porque as cenas se misturavam, mas em ambas havia a energia do amor. Em ambas a cura se processava, de uma forma ou de outra. Foi assim que ela foi entrando em seu mundo interno. Ela via um gigantesco caracol. Uma voz vinha lá de dentro e a chamava. Ouvia, também, o canto da já conhecida coruja. Lucélia segue por dentro daquele grande caracol. Era um local iluminado e sutil. Ela ouvia claramente conversas em uma linguagem até então imperceptível, mas que agora ela sentia. Muitos pássaros surgiram, conduzindo-a cada vez mais para dentro do caracol. Este se abria e se fechava, até formar uma grande floresta. Lucélia ficou maravilhada com tamanha beleza. Havia ali as aves mais belas jamais vistas, os olhares inquietos e sábios dos amados pássaros. Eles lhe davam boas-vindas. Uma terra com flores, frutas, grãos, árvores e beldades da natureza se apresentava para ela. Ela interagia com um mundo verdadeiro dentro das dimensões existenciais do ser. Ela estava em meditação, mas seus veículos energéticos viajavam, visualizavam e aprendiam naquele momento.

Os muitos e infindáveis pássaros cantavam. Puras e ascendentes melodias eram percebidas por Lucélia. A amiga águia se apresentou a ela e lhe disse que ambas seguiriam juntas, a partir dali, em uma mesma missão, a fim de salvar o povoado e ensinar às outras aves o transporte das sementes para uma nova e interminável colheita de grãos dos mais variados. Lucélia sorriu e agradeceu. Nesse momento, algo a chamava de volta. Seus amigos retornavam com ajuda para Apolo.

Inquieta, mas esperançosa, Lucélia guardou para si aquele ensinamento. Ela sabia que deveria agir e falar o menos possível. Ela sabia onde estavam as sementes no castelo. Ela sabia como eram feitas as plantações do outro lado. Ela sabia que deveria orientar os amigos pássaros nesta missão e que, para isso, contaria com a ajuda da forte águia e da sábia coruja. Uma cuidaria da plantação de dia, outra de noite. As três, Lucélia, águia, coruja, formariam um tripé de sustentação para o povoado, dando-lhes novamente alegria e saciando-lhe a fome.

O corpo de Apolo foi queimado, como ele havia pedido. Muitas orações foram entoadas. Uma parte dele ainda adormecida acolhia as orações. As mãos amorosas dos amigos espirituais repassavam toda essa energia para o corpo que se reabastecia na outra dimensão. O ser de Apolo descansava, para, quem sabe, uma nova missão outro corpo físico ou não.

Nas manhãs que se seguiram, Lucélia meditava ao nascer do Sol e, junto com ela, a energia dos pássaros se renovava. Ela repassava para eles os locais onde visualizava as sementes no castelo. Pedia que eles buscassem em seus bicos pequenas quantidades para que o povoado pudesse plantar. As pessoas começaram a arar a terra e a receber as sementes trazidas pelos pássaros.

Os próprios animais faziam a seleção dos grãos e, organizados, largavam sementes semelhantes na mesma terra. Foi se formando, aos poucos, uma grande plantação. Logo apareceram os pequenos vegetais, depois os pequenos arbustos, assim como as leguminosas e, mais tarde, as frutas. A terra já era outra. O povo estava feliz. Todos oravam e agradeciam aos deuses, oferecendo-lhes grandes banquetes. Todos ficavam juntos para a ceia. Apolo, vez ou outra, acompanhado de amparadores espirituais, vinha visitar seu antigo povoado e orava para que Lucélia mantivesse sua força e, mais tarde, pudesse ajudar a mais e mais povoados.

O retorno de Lucélia

O tempo passou. Uma grande seca abalou a região que ficava do outro lado das montanhas. A plantação do castelo escasseou. O povo de lá passava fome e sede. Lucélia ficou sabendo e pediu que a ajudassem a ir visitar o castelo. Seus amigos temeram pelo reencontro de seu pai com ela, mas Lucélia não poderia deixar que eles morressem de fome. Decidiu montar uma caravana para ajudar seus amigos do castelo. Lucélia também os amava. Eles também eram parte dela. Sentia em seu coração que seu pai precisava de ajuda. Então, ela seguiu em direção ao castelo. Muita tristeza era sentida por ela no caminho. Ela não via, mas sentia o cheiro de carne morta ao longo da caminhada. Muitos tentavam transpor as montanhas e acabavam não resistindo à fome e à sede. Ela ouvia os abutres fazendo a sua festa e entendia que tudo fazia parte da cadeia alimentar. Os abutres não eram ruins porque comiam carne morta. Eles apenas alimentavam-se do que não servia mais, assim como os outros animais que se alimentam da mesma matéria. Tudo é questão de evolução e de aprendizado. Lucélia sentia que, em um tempo distante, ela também poderia ter habitado o corpo físico de um abutre. Por que não? Nós, você e eu , com certeza já passamos pelo mundo animal e temos, aqui ou aí dentro, aprendizados inerentes a esse reino.

Os portões do castelo estavam abertos. Muitos mortos. Muitas pessoas em agonia. Lucélia subia as escadas quando se lembrou do dia em que fugiu. Agradeceu aos deuses por terem a auxiliado a seguir em frente na sua missão.

Ela ouviu um grande grito de surpresa. Sales corria a seu encontro. Mesmo fraco e doente, ele reconhecia naquela mulher a sua princesa da lua, a sua amiga Lucélia. Ele chorava e acreditava que o fato de ela estar viva era um sinal dos deuses de que tudo poderia melhorar. Lucélia abraçou Sales e sentiu seu frágil corpo. Ela perguntou pelo pai, e este lhe disse que, pouco tempo depois de ter mandado matá-la, atirara-se em um grande penhasco. Sales salientava que Ranion lutava contra seu próprio ódio, mas se sentia fraco perante tamanho demônio criado dentro de si, e acreditava que, matando-se, iria se libertar. Ranion estava enganado. Ele carregaria, por infinito tempo, as criaturas demoníacas que ele mesmo tinha criado. Somente com a compreensão e o perdão é que nos libertamos das energias devastas que habitam o nosso mundo interior. Nossos mundos infernais são criados por nós mesmos e somente nós podemos mudar a vibração deles. O amor liberta. O amor transforma e cura. Podemos nos curar perante o amor. Por isso, todos os que habitam as várias moradas internas do nosso ser são nossos convidados. Nós os convidamos por meio de energias boas ou ruins a morar conosco. Assim, dependendo de nossos companheiros, podemos fazer de nossas vidas céu ou inferno, só depende de nós. O amor é acessível a toda criatura. A chave está conosco. Tudo pode ser transformado em puro amor. Por isso, ame, perdoe e transforme-se. Não deseje o mal para ninguém. Deseje sempre o bem. Vibre no bem, sem olhar a quem! Faça uma oração de puro amor. Busque libertar-se e perdoar-se de tudo de ruim que habita em você. Comece por perdoar-se e perdoar ao próximo. Siga no seu caminho vibrando no amor. Reavalie sua vida, seus companheiros internos que se mostram por meio de seus pensamentos e sentimentos. Conheça as várias pessoas energéticas que habitam a sua morada interna. Não brigue com elas. Não as expulse assim. Compreenda-as e liberte-as. Você se sentirá livre e em paz. Tenha fé. Ore. Seja disciplinado. Você consegue.

Sales desencarnara logo em seguida. Aqueles que ainda viviam são alimentados pelos amigos de Lucélia. Aos poucos, foram se transferindo ao outro povoado. A comunidade cresceu e a harmonia se estabeleceu entre os povos. Lucélia figurava como uma verdadeira e iluminada governante. Ensinava a todos a arte da cooperação e do amor. Todos trabalhavam e se ajudavam.

O coração de Lucélia estava apertado, mesmo sentindo que seu povo vivia feliz. Ela sentia que a energia de seu pai estava presa e sofria em algum lugar do plano cósmico. Ela orava por ele, mas sentia-se impotente para ajudá-lo.

Nos mundos infernais de Ranion

Ranion passou a vibrar com tamanho ódio desde que soube da fuga de Lucélia. Sentimentos gigantescos e subumanos se aceleravam dentro dele. Ele estava sedento de vingança. Queria sua filha ali, a seus pés e morta. Nada nem ninguém lhe desobedeceriam. Ele deixara que todas as energias internas e infradimensionais, que haviam sido criadas por ele mesmo nesta e em outras encarnações, fossem ativadas naquele momento. Uma onda de ódio cegava-o por completo. O amor havia sido praticamente esmagado por tanto ódio. O perdão e a misericórdia divina pediam socorro dentro dele, estavam presos e sufocados por pensamentos e sentimentos errôneos. Os amparadores espirituais tentavam fluidificar e harmonizar todos aqueles sentimentos. Áthina vibrava em amor para Ranion. No entanto, ele não sentia nada além de fúria. Acompanhei a vermelhidão que o ódio exala. Pude sentir o cheiro de enxofre que todas aquelas sensações animalescas provocavam. Pude verificar que, dentro de mim, também havia moradas onde eu cultivava sentimentos similares aos de Ranion, e que, assim, alimentava também aos meus demônios. Orei para me libertar desses sentimentos. Envergonhei-me por senti-los. Orei por Ranion. Senti as mãos de Damião entre minhas mãos e um grande halo rosa se fez a nossa volta. As criaturas infernais se debatiam pelas grosseiras palavras que Ranion gritava.

Muitos seres se alimentavam daquele momento. Muitos demônios ganhavam força sugando toda a energia lúcida e pura de Ranion. Ele estava entregue as suas próprias forças do mal. Ele havia se esquecido de quem era. Havia se esquecido de que um dia fora um homem do bem.

A ENTREGA

Com a demora de Sales, Ranion enviara tropas atrás de sua filha. Pedia que trouxessem ela morta e não poupassem de forma alguma a sua vida. Quando avistou Sales, apertou-o no pescoço, chamando-o de inútil. Onde estava o corpo de sua filha? Onde estava? Sales disse-lhe que seu cavalo fugira na viagem, e que o corpo morto de Lucélia era muito pesado para trazê-lo de volta. Então, resolvera trazer os olhos dela como prova. Sales entrega a Ranion os olhos de Lucélia. Ranion chorava e gritava: "Maldita! Maldita! Maldita!" Depois de instantes, se ajoelhou aos pés de Sales e gritava novamente: "O que eu fiz? O que foi que eu fiz? Minha filha? Quem eu sou? Em quem me transformei?". Ranion chorava, grunhia, se arrastava e se debatia: "Por quê? Por quê?" Ele gritava: "Lucélia! Áthina! Lucélia! Áthina! Não me abandonem! Perdoem-me!". Ele ajoelhava-se novamente e dizia: "Deuses, me perdoem! Tragam-nas de volta! Devolvam a minha alegria!".

Ranion ficou assim por muito tempo, entre loucuras e torturas. Um dia, saiu desesperadamente do castelo e atirou-se em um grande penhasco. Ele corria sem olhar para trás. Ele corria de sua própria sombra. Ele corria dos demônios que queriam mais e mais energia. Ele, porém, já estava fraco, não tinha mais forças para alimentá-los, assim, entregou-se na intenção de ter paz.

Mesmo depois de morto, Ranion ficou preso em suas torturas e loucuras. Ele continuara preso nas imagens mentais que havia criado. Ele continuava chorando, gritando, fugindo e sofrendo. Por longa data ele ficara assim. E era por isso que Lucélia sentia seu coração apertado. Ela sentia que seu pai pedia ajuda. Ela sabia que, de alguma forma, a sua fuga tinha piorado ainda mais a revolta do pai. Lucélia queria e precisava ajudá-lo. Então, foi buscar conforto onde sempre encontrava: nas suas meditações.

Mais um amanhecer surgia. Dessa vez, Lucélia subiu a grande montanha sozinha. Ela subiu lentamente, com o auxílio de suas energias sensoriais. Chegando ao topo, sentou-se em posição de meditação e entregou-se aos deuses. Orou para que as energias divinas a orientassem no que precisava ser feito. Sentamos junto com Lucélia – eu, Damião, Áthina e outros amparadores espirituais. Todos estavam em pura oração. Pude perceber que um grande raio luminoso e multicolorido invadiu o local onde estávamos sentados. Muitos círculos concêntricos se formavam, e um novo caminho ia sendo mostrado. Seguimos com nossos corpos existenciais por esse novo caminho. Lucélia não sabia de nossa presença. Ela seguia em sua fé. Muitos choros e gritos eram ouvidos por nós. A luz que nos acompanhava aquecia todos os seres sofredores que estavam presos dentro de seus próprios devaneios. Eles não nos enxergavam, mas podiam sentir, nem que fosse por pequenos instantes, o nosso calor. Esse calor lhes dava a possibilidade de deixar o amor agir dentro deles. Enquanto houver uma partícula de amor dentro de nós, por menor que ela seja, ela será muito mais forte do que todo o ódio que cultivarmos. O amor não tem tamanho, nem comparação, ele é imensurável e poderoso. Muitas daquelas energias sofredoras sentiam o calor e reavivavam um pouco de amor dentro delas, assim, muitas conseguiram libertar-se para um plano mais elevado. Nós íamos acompanhando o subir de luzes. Eram almas que se libertavam aquecidas pelo amor. Eram almas que se davam conta de que só o amor liberta. Foi aí que encontramos Ranion. Ele se debatia, gritava, chorava e grunhia. Ele não nos via. Ele não via Lucélia. Então, ela se ajoelhou à sua frente e pediu que os deuses a ajudassem. Lucélia lembrou-se de seu nascimento. Reviveu dentro dela o próprio nascimento. Trouxe para a sua energia a vida que ressurgia. Trouxe até o mundo infernal as lembranças de puro amor, na qual ela, Áthina, Ranion e todo o povo tinham vivido. Todos nós, naquele momento, revivemos juntos a energia da vida se instalando no coração dos dois. Ativamos, assim, o DNA existencial de Ranion. Ativamos as suas e as nossas memórias e finalmente o libertamos da prisão. As lembranças puras revividas libertaram o amor enfrascado de Ranion e produziram mais amor. Imediatamente, todo o cenário se modificou. Subimos para outro grau evolutivo. As dimensões existenciais se penetraram. Presenciei a acolhida de Ranion por parte dos amparadores espirituais feita com muito amor. Os amparadores o adormeceram para que pudesse descansar antes de reiniciar seu processo de evolução e de descobertas. Ranion receberia ajuda. Áthina seguirá com ele, cuidaria de seu marido. Lucélia suspira forte e retorna lentamente para seu corpo físico, que medita na grande montanha. Somos trazidos de volta. Choramos em agradecimento. Lucélia podia não ver a luz do sol, mas sentia em todas as suas veias existenciais a energia polivalente e onipotente do amor.

É hora de retornar. Muitos nos aguardam. Muitos aguardam Lucélia. Muitos aguardam você. Espalhe amor por onde você for. Sinta o amor em seu coração. Feche seus olhos e faça a sua oração. Preencha-se com a energia que acabamos de receber dos deuses.

A águia canta dentro de cada um de nós. O verdadeiro mestre liberta seu discípulo em silêncio. Os méritos não são dele, e sim do amor que há em cada um. Ouça o canto da águia dentro de você. Compreenda o ensinamento da coruja. Perceba as suas passagens pelos diferentes reinos existenciais. Medite. Ore. Confie.

6
ABDALA E O CÃO NEGRO
Pelas energias de Shena

Enquanto viajo nos ares de Lisboa, chegam até mim memórias de Abdala e seu cão Negro. Abdala, um egípcio em trajes típicos, mostra-me com uma lanterna um túnel subterrâneo que leva até uma masmorra ou algo semelhante. Uma rampa descendente contorna o local, onde há paredes com desenhos em formas antigas, que representam animais e pessoas em seus hábitos diários, além de rituais que envolvem serpentes e águas. Observo as várias águas que são desenhadas e os movimentos delas. Vários redemoinhos que se levantam e invadem a terra. Em seguida, mostra-se o florescer de algumas plantas que ainda estão banhadas nestas águas. Na medida em que vou olhando as figuras, parece que as serpentes se movimentam e, impressão ou não, posso sentir o chacoalhar de suas caldas. Sei que estou em locais onde houve rituais mágicos em um tempo distante.

Abdala mostra-me sua túnica em tons de verde, com uma grande serpente crivada nela. Tanto os punhos quanto o próprio tecido da vestimenta têm fios de ouro entrelaçados. Um cão negro e com olhos reluzentes, além de atentos, fica atrás de mim. Ali estamos, por enquanto, eu, Abdala e o cão. O cão é alto, tem patas esguias e fortes, e orelhas atentas e alertas. Seu nome é Negro, devido a sua roupagem animal.

Passamos, agora, por um corredor, no qual há uma passagem que terminará em uma sala. Pequenas serpentes vazadas foram feitas nessas paredes, e os raios de sol penetram através delas, deixando o ambiente totalmente claro e energizado. Vejo essa iluminação como se, naquele mundo submerso, ao raiar do dia, aquelas serpentes ganhassem vida com a energia do sol. Percebo que são inúmeras serpentes solares que adentram naquele enorme recinto, onde, também, "enormes" homens, todos com mantos similares, oram pela deusa Terra.

Há uma grande pirâmide posicionada no centro da sala. Nela, estão esculpidos vários desenhos que representam o cultivo ao rio Nilo e às plantações do Antigo Egito. Ao redor da pirâmide aparecem tubulações de água. Esta parece fervente, mas não exala calor. As várias serpentes solares iluminam e clareiam ainda mais a água que cai do topo da pirâmide até sua base. Depois, movimentam-se em contornos circulares, permitindo que tudo ali vibre em uma mesma força motriz. O movimento das águas gera uma sinfonia, uma música que anima a água e as serpentes. Sinto o cheiro forte de água. Sinto que todo o interior de meu corpo também se movimenta em água. Sinto que a água que está dentro de mim se renova com aquele aprendizado. Estou em um santuário egípcio que serve de elo para a energia da Terra e a energia da Água. Negro é um guardião, e Abdala seu orientador.

Homens grandes estão posicionados para oração. Sete cães similares a Negro se alinham em pontos específicos da grande pirâmide. Eu observo tudo silenciosamente. Ouço o estalar dos dedos de um dos homens e o latido conjunto dos cachorros. Homens e cachorros mantralizam juntos. O som é o da letra "u". Tudo é tomado por muita Paz e Força. Parece que a própria Terra também mantraliza.

Eu me pergunto o motivo de estar ali. Vou mais além e me questiono o que esta história tem a ver com este livro. Então, encontro e visualizo Shena, que é uma passagem minha da época, em energias passadas, em que vivi no Antigo Egito. Ela pede para que eu aguarde. Nós duas estamos em túnicas marrons, com as mesmas serpentes desenhadas que Abdala usa em sua túnica. Nossas serpentes estão enroladas em três voltas, e as cabeças erguidas, com olhos atentos. As túnicas dos outros têm desenhos em que as serpentes estão em outros movimentos – umas totalmente em pé, outras totalmente enroladas. Todos os desenhos indicam o início e o fim de um movimento constante. Todas se alinham em uma mesma lógica. Parece-me que, ali, somente Shena e eu temos corpo de mulher. Os outros são homens e cães.

O som dos mantras dá um toque mágico no local. Várias serpentes, agora vivas, surgem naquelas águas que circundam a pirâmide. A luz do Sol, a energia das águas, o silvo das serpentes e o uivo dos cães fazem uma intrigante música que sopra na minha alma. A terra estremece. A água ferve. As serpentes e os cães cantam. Eu observo e me arrepio toda. Agradeço por estar ali, assistindo a esse ritual de fertilização das águas e do planeta. Shena me observa. Ela participa do ritual. Abdala conduz tudo.

Estamos em um Santuário de Orações. Há seres e mais seres que se doam para o equilíbrio do planeta. Tanto aqui, na Terra, quanto em outros mundos habitados, há energias que sustentam a vibração do lugar para que este não deixe de existir. Abdala e seu cão Negro são representantes dessa antiga raça que protege as águas e as terras férteis do Antigo Nilo. Shena apenas me conduz nesse ensinamento de luz.

Eu participo atentamente do ritual. Orações e mais orações. A luz do sol inunda a todos nós e os cães emitem sons que fazem a terra tremer e que permitem que aberturas suguem as águas tratadas pelas orações e pelas serpentes.

Negro se aproxima de mim. Olha-me atentamente e me faz viajar por um tempo mais distante ainda, o tempo da criação. Entro em uma espécie de transe hipnótico, no qual eu retorno a um momento remoto de mim mesma.

Vejo muitos trabalhadores erguendo grandes paredes. Pedras e mais pedras são empilhadas. Parecem represas, grandes represas para conter a água das chuvas. Nessa época, as chuvas são escassas e os cães farejadores da raça do Negro ajudam os obreiros a encontrar canais subterrâneos de água para abastecerem as plantações e matar a sede das pessoas. Abdala é o líder do local e Negro é seu fiel e ágil companheiro. Enquanto os outros trabalhadores assentam as pedras nos locais pré-escolhidos por Abdala, mas direcionados por Negro, o homem e o cão saem à procura de mais e mais fontes de abastecimento de água.

Negro também é o líder de sua matilha. A cada poça encontrada, ele deixa um cão fiel a demarcar território para que os trabalhadores não se percam ou desviem do processo. Percebo a sintonia e a interação de homem e cão. Um servindo ao outro. Ambos usam recursos próprios. Negro, o seu faro, Abdala, a sua inteligência. Talvez Deus tenha criado todos os seres para viverem na interação que nos está sendo mostrada. Cada ser tem o seu valor, a sua especificidade, o seu objetivo de estar ou não em determinada forma física.

A ligação entre Abdala e Negro fica cada vez mais forte. Eles formam uma equipe. Com o passar do tempo, Abdala forma um grupo de orações à mãe Terra e à água, chamando-o de "Ordem dos Negros". Serpentes são adotadas, ensinadas para servir de cuidadoras do templo construído. Os cães eram os guardiões, as serpentes, as mantenedoras, e os homens, a energia para que tudo vibrasse no bem e para o bem. Está no homem a chave de vibrar no bem. Os animais, por si só, já vibram nessa direção. A escolha, o poder de decisão, está no homem. Nós podemos escolher os caminhos que iremos seguir. Abdala e seu povo escolheram o caminho do bem. Curar e ajudar a Terra e a água. A Ordem dos Negros acreditava que, em noite de lua cheia ou quando o sol estivesse no seu pico mais alto, as orações entoadas em forma de mantras permitiam que a mãe natureza ficasse mais fértil e que suas terras e águas ficassem mais volumosas. Abdala organizava o grupo de orações. Todos os dias, todas as horas, minutos e segundos havia grupos envolvidos em uma grande cadeia de ajuda à mãe natureza. Negro organizava seus cães e serpentes. Não sei como eles se comunicavam. Acredito que falavam a língua do amor e só o amor se faz entendido em todos os lugares. Amor é amor, não importa aonde; lá, aqui ou acolá!

O templo fora construído fisicamente na terceira dimensão, mas fora construído, também, nas estradas energéticas em dimensões superiores. Percebi que estou nesta dimensão, nesse templo erguido em outro tempo. Shena me mostra que, mesmo depois de séculos, essa ordem não se desfaz nestes planos. Abdala e Negro, embora não tivessem mais corpos terrenos, mantiveram seus corpos energéticos, mesmo depois da morte, para orar pela mãe natureza. Podemos chamá-los de guardiões. Eles são energias do bem que estão a serviço do cosmos. Acredito que cada ser tem a sua missão, e que a de Abdala e Negro tenha sido essa, ou melhor, ainda seja essa, pois eles vibram nas energias ascensionais do templo.

De repente, Shena pega minha mão. Fico tonta. Vejo à minha frente Negro e Abdala. Percebo que estamos subindo mais alto. Abre-se uma grande porta branca de madeira. Nela está esculpida uma grande águia, com as enormes asas abertas. Eles pedem que eu abra a porta. Ali, animais de todas as espécies estão em interação. Parece que estamos em um céu de animais. Lá, há hospitais, lares e casas de repouso, em que os amparadores espirituais cuidam de nossos amigos. Percebo que há mutações, como homens com rabos, com asas ou com pés de lagarto e animais com características de outros animais, em transformação. Observo que alguns estão inseridos em determinado reino, outros estão em transmutação, passando para outro. Assim como nós, os animais são acolhidos e tratados animicamente para sua próxima encarnação. Alguns, mais sutis, já reencarnam quase imediatamente. Não podemos esquecer, porém, que o tempo entre a vida e a morte, e entre um desencarnar e outro, para os seres de luz é imensurável. O que para nós, terrenos, são vinte anos, em outras dimensões pode ter sido apenas 1 segundo.

Novamente eu me pergunto o porquê de estar ali. Shena se aproxima e me mostra uma grande corrente energética envolta em amor. Ela me sopra a palavra "interação". Eu recebo a imensurável palavra como uma canção que, unida ao som do vento, faz eco e me traz o aprendizado de toda essa lição: interação.

Entendo que todos nós estamos interagindo nesta grande corrente. Todos os seres participam com suas energias únicas, mas complementares. A união entre todos nós, inclusive com você, complementa as energias criadoras universais. Todos nós podemos fazer a nossa parte. Hoje somos humanos, mas não podemos esquecer que já passamos por outros reinos e que há, dentro de nós, partículas de nossas experiências evolutivas que serão acionadas dentro de nós, na hora certa!

PARTE 3
RELATOS DOS LEITORES

1
PITTI
Paulo

Sabe, ontem derramei uma lágrima sofrida,
Que brotou d'minha alma dolorida.

E, ela verteu por um pequeno animal,
Um ser cheio de luz e isento do mal,
E que a cada novo dia,
Encantou-nos com sua beleza e alegria.

Mas, ontem, ela partiu,
Morreu, sumiu,
Foi embora pra uma terra distante,
Deixando-nos tristes por um instante,
Pois guardaremos com saudade e emoção,
Tudo o que vivemos juntos e que marcaram o nosso coração.

É... a nossa cachorrinha foi embora,
Assim só nos resta agora
Fazer uma prece a Deus, Nosso Senhor,
Pedindo que nunca lhe falte paz e muito amor!

2
TANDI
Paulo

Ei, pessoal, eu me chamo Tandi
Sou um cachorrinho
Não muito grande e bem velhinho
Que por muitos anos viveu por aqui.
Olha, chegada a minha hora, então, parti pro mundo espiritual
Mas, gente, vou contar pra vocês, quando era vivo, tinha uma vida sem igual
Pois tinha muito carinho
E nunca estive abandonado ou sozinho.
A minha dona não deixava me faltar nada
Sempre me amou e por mim foi muito amada
Tinha comigo uma enorme preocupação
Ainda mais que sofria de muitas doenças e tinha bem fraco o coração.
Todos os dias e noites descia do apto comigo
Não tinha sol, não tinha chuva, não tinha vento, não tinha horário
Descia, mesmo se tivesse a visita de uma amiga ou de um amigo.
Pra ela não era nenhum suplício, nenhum calvário.
Com ela tive uma grande amizade
Instantes de muita felicidade
Agora me recuperando na casa de São Francisco, só tenho a lhe agradecer
Pelo seu zelo, sua bondade, seu amor, que nunca vou esquecer!...

3
Meu gato Musashi
Olga

Eu estava passando por um período difícil. Estava abalada emocionalmente e com um problema de saúde que culminou em uma cirurgia.

Foi neste momento, em novembro de 2002, que um lindo gatinho, com um mês de vida, entrou na minha vida e na vida da minha família.

Quando voltei do hospital, o Musashi já estava no nosso apartamento nos esperando. Ele era uma bela cruza de um gato rajado de branco e caramelo com uma gata persa. Era um gatinho muito esperto e sapeca. Musashi foi o nome que eu sugeri por causa dos livros que o meu marido tinha lido sobre a saga de um samurai.

O Musashi tinha um relacionamento diferenciado com cada um de nós. Quando algum de nós estava mais preocupado, mais triste, ele ficava por perto. Ele não gostava de ficar muito tempo no colo, era um gato discreto, reservado, observador, carinhoso e muito companheiro. Eu sou reikiana, e cada vez que eu estava aplicando Reiki em alguém da família, ele ficava por perto e gostava muito das músicas que tocavam.

Pela manhã, eu chamava os meus filhos para irem para aula, dizendo: "Vamos lá, vamos lá!". O Musashi vinha junto comigo e miava exatamente no mesmo tom. Meu filho me perguntou se eu estava ensinando o gatinho a falar.

O Musashi foi uma benção na nossa família. Ele trouxe muitas alegrias e muito amor. Nós nos divertíamos e nos surpreendíamos com as brincadeiras, com a inteligência, com a sensibilidade e com a forma como ele interagia com cada um de nós. Nós entendíamos cada miado que ele dava. Tinha o miado de contrariedade, o de fome, o de sede, o de alegria e o de dengo. Quando ele queria brincar, vinha atrás de mim e dava tapinhas nos meus calcanhares.

Em 2008, Musashi teve um problema renal e teve de entrar em uma dieta especial.

Em maio de 2012, meu marido e eu viajamos por trinta dias. Estávamos fazendo o Caminho Português para Santiago de Compostela com mais seis amigos. A cada contato que fazíamos com a família tínhamos notícias do Musashi. Em determinado dia da caminhada, paramos para descansar e fazer um lanche, quando apareceu um gato. Ele ficou em volta de mim e do meu marido, pulou no banco em que estávamos, e depois foi para o colo dele. Nós lembramos e falamos no Musashi. Um amigo de meu filho, neste mesmo dia e sem motivo algum, perguntou pelo Musashi. Naquela mesma noite, o Musashi fez a sua passagem. Na manhã seguinte, recebemos a notícia, que nos deixou muito tristes. Então, entendemos que o gato que apareceu no nosso caminho era um aviso, era uma despedida.

Até hoje sentimos a presença e o carinho do Musashi entre nós. Eu não tenho dúvidas de que o Musashi foi um dos seres de Luz que amparou, protegeu e manteve unida a minha família em um período em que tudo conspirava contra.

Obrigada, Musashi!

4
Quem são os "amigos que não são gente"?
Maria Isméria

Quando nos deparamos com um animal, podemos notar que eles nos observam, nos analisam e conseguem sentir em um simples olhar quando os rejeitamos.

Escutamos, muitas vezes, as pessoas dizerem que os animais são seres irracionais, que agem apenas pelo instinto. No entanto, ao convivermos mais com esses animais, passamos a ver que é muito mais do que instinto, é uma troca de carinho, de amor, de companheirismo e de energia. Isso fica bem claro quando temos animais de estimação e sentimos que eles retribuem o que recebem de nós.

São as inúmeras histórias que escutamos envolvendo animais e seus donos que nos fazem pensar e vê-los de outra forma. Passamos, também, a entender que o convívio com esses animais é fundamental para algumas pessoas, pois eles ajudam a preencher o tempo e a aliviar a solidão dos que se sentem um pouco excluídos, trazendo alegria no convívio com eles. Entre esses animais, os cães parecem ser os preferidos. Além de eles se mostrarem inteligentes, podemos considerá-los amigos fiéis que muito nos ensinam e que não exigem muito de seus donos, apenas amor e atenção. Eles deixam em nossa vida a reflexão sobre sua existência. São amigos que não falam, mas que nos escutam com atenção, retribuem em gestos o que nos querem dizer e, aos poucos, acabam ganhando o seu espaço na vida do ser humano.

Não podemos esquecer que, assim como tudo que nos cerca, cada animal tem uma energia peculiar, um sentido aguçado que os permite captar a energia de outro ser e que, como receptores, podem ser influenciados por tais energias, mudando seu comportamento, o que é facilmente percebido por seu dono.

É bom lembrar que nem tudo que é bom para nós pode ser agradável para o animal. Vivemos em um mundo materialista e competitivo, no qual, muitas vezes, somos afetados pelo estresse atinge diretamente nossa vida e, também, daqueles que nos cercam, sobrando, inclusive, para o animal. Devido a sua sensibilidade, o bichinho acaba captando toda a má energia trazida por seus donos, sendo indiretamente afetados por elas.

Quando resolvemos mudar nossa vida e deixar o estresse de lado, procuramos a natureza. Nela percebemos que o estresse vai embora e que em nossa volta sempre teremos os amigos que não são gente, que nos mostram o quanto é simples a verdadeira felicidade.

5
CÃES ABANDONADOS
Maria Isméria

Certo dia, eu conversava com uma amiga. Falávamos sobre animais abandonados. Eu comentava sobre a pena que sentia ao vê-los pelas ruas, famintos, e alguns até mesmo com sarnas.

Falamos, também, sobre as pessoas que maltratam ou abandonam seus bichinhos quando eles crescem e já não parecem tão bonitos e alegres quanto antes.

Após minha amiga ir embora, uma senhora que tomava seu café e nos escutava com atenção se aproximou de mim e disse: "Gostei da senhora. Vi que é uma pessoa boa. Gosta dos animais assim como eu". Ela ficou conversando comigo por um tempo e tomando o seu café. Passou a me contar que morava em um sítio próximo a uma faixa, e que cuidava de vários cães que ali eram abandonados por seus donos, alguns feridos, outros doentes, alguns por serem velhos demais. Ela os recolhia e a filha os levava ao veterinário e os acolhia em seu sítio, já tendo consigo vários cães e alguns gatos.

Perguntei se eles não brigavam e ela me disse que todos viviam em harmonia. Eles eram bem alimentados e não tinham motivos para brigar. Ela tinha um carinho enorme por cada um deles. Havia a cadelinha chamada Mel, que ela criou desde pequena, presente da filha, e que com ela dormia todas as noites, e também o Feijão um pequeno cão preto que andava sempre em sua volta, além dos demais. Todos tinham um lugar confortável e o alimento necessário Alguns já estavam há anos ali.

Ela contou-me que era comum carros pararem na faixa e deixar animais para trás. Essa cena foi presenciada por ela muitas vezes, e os animais ficavam desorientados, sem saber para onde ir, e muitos eram atropelados ao cruzarem a faixa. Alguns foram salvos por ela, como um pequeno cão que já quase não enxergava ao ser abandonado. Ele ficou assustado com o barulho dos carros, e quando ela o agarrou, ele tremia de medo. Levou-o para o sítio e dele cuidou com muito carinho, pois já era um cão idoso, e ali ficou até o fim de sua vida. Ele era um cão meigo e não lhe dava trabalho, apenas precisava de cuidados.

Ela sempre adorou animais e não conseguia vê-los passando trabalho e nada fazer por eles. Assim, quando algum cão aparecia em seu sítio, acabava ficando com ele, o que preocupava a filha, pois já eram vários. A filha sempre lhe dizia: "Agora chega mãe, já temos cães de mais."

Ela respondia: "Eu gosto tanto que, se eu pudesse, teria muito mais." Despediu-se de mim e sorridente foi embora.

6
AS LIÇÕES DO JOÃO-DE-BARRO
Maria Isméria

Em uma manhã do mês de setembro, o que parecia ser um dia qualquer, para mim, foi diferente. Um pássaro me chamou a atenção e comecei a observá-lo. Era um joão-de-barro que, com muita pressa, juntava com o bico galhinhos de gramas secas do chão. Imaginei que ele carregava para construir seu ninho.

Senti todo o seu cansaço e o seu estresse no momento em que tentava juntar vários galhos ao mesmo tempo. Atrapalhado com um pedacinho de saco que juntou com a grama, deixava cair o que carregava no bico. Em um gesto de irritação, ao sentir que não conseguiria carregar, jogou tudo ao chão. Virou as costas e seguiu, mas parou por um instante e retornou. Juntou apenas o que conseguiria carregar e foi embora. Tal acontecimento me deixou pensativa, a me perguntar: "Será que ele quis me ensinar algo?". Acredito que sim. Por muito tempo, recebi a visita desses pássaros, e sabia que o estressado estava entre eles. Adoravam comer farelos de batata palha e pão que eu jogava para eles Às vezes, eram até engraçados, pois, quando eu não os via, para chamar minha atenção, eles olhavam para mim, cantavam alto e batiam asas, como se dissessem: "Oi, estou aqui!". A visita era bem mais frequente quando eles tinham filhotes no ninho. Já acostumada com eles, eu sentia falta quando não os via. Por vários anos eu recebi a visita deles e aprendi com seus atos.

7
XODÓS DA MARLI

Há muitos animais por todos os lugares. Há muitos homens por todos os cantos. No entanto, ainda há poucas pessoas que compartilham o que é precioso, como o amor e o cuidado aos nossos amados amigos animais. Esta amiga, Marli Muterle, doa-se intensamente para o bem-estar, não somente dos "seus" animais, mas também daqueles que encontra pelo caminho. É um exemplo de força e coragem em uma causa justa e difícil. Ela luta contra o preconceito de muitos que maltratam e humilham nossos amigos.

Outro ponto interessante nesta história é que esta mulher não apenas ajuda aos animais, mas também mantém unida a sua família, sua filhas, seus genros, seus amigos, o que é uma raridade hoje. Marli sabe coexistir sendo gente com todos os seres, sem isolar um ou outro. Há várias formas de dividir o amor que há dentro de nós. Não precisamos nos fanatizar e nos direcionarmos grosseiramente somente em uma direção. Podemos ajudar os que coexistem conosco, independente do reino que habitam. Somos, sem exceção, multidimensionais e podemos, mesmo com nossas vidas tão corridas, olhar para todos os lados e auxiliar o próximo sem julgar. Alimentar e, quem sabe, agasalhar quem precisa. Dar um pouco de água ao cão que passa por você e mostra a sua sede. Retirar o carrapato que já está machucando um bichinho desconhecido. São muitas as formas de ajuda. Pão, agasalho, abrigo, moradia, doação, remédios, cuidados. Quanto mais amarmos, mais o amor se multiplica. Ele nunca acaba, pelo contrário, só cresce e abastece aqueles que estão necessitados, e estes, recebendo amor, ajudarão ao próximo, e assim por diante, criando uma grande rede de amor. O segredo é compartilhar!

Agora, fique com um pouquinho da história da Marli, um exemplo para todos nós.

Sobre doação aos animais
Sabrina

Devo admitir que será difícil contar uma história sobre a qual muitos fatos não presenciei. Sendo assim, achei que o melhor jeito para conseguir me expressar é contando da maneira mais simples.

Como filha, vou contar um pouco da história de minha mãe, para que você, leitor, possam conhecê-la melhor.

O nome dela é Marli, e ela nasceu em casa. É um tanto complicado falar sobre o início do amor da minha mãe pelos animais. Isso porque acredito que esse sentimento já venha com ela de outras vidas, pois ela sempre teve grande apego, principalmente com cães.

Meus avós nunca maltrataram bichos, porém, não eram muito apegados. Minha avó, inclusive, matava galinhas e porcos para comer. Meu avô já era um pouco diferente dela, pois, se por acaso tivesse de matar uma galinha, puxando-lhe o pescoço, ele ficava tão nervoso que acabava fazendo tudo errado. Meus tios sempre acompanharam isso com normalidade. Quando se matava um porco, por exemplo, eram muitas as pessoas envolvidas, e se tornava um "evento" para quem não tinha muito que fazer. Minha mãe, porém, mesmo não sendo a caçula, era a mais vulnerável com esse tipo de situação, e sempre se afastava. Não suportava ver os bichinhos morrendo. Ela sempre ficava muito triste e nervosa com isso, apesar de comer carne. No momento em que iam sacrificar animais, ela saía de perto e chorava em um canto.

Quando era pequena, ela morava no porto da cidade de Rio Grande. Minha mãe tinha cerca de sete anos e eles tinham um cachorrinho chamado Negrito, bem pretinho, filho da cadelinha Cereja. Cereja era toda pretinha e só tinha a boca e língua bem vermelhas, parecidas com uma cereja. Elas eram muito amigos e brincavam muito. Quando tiveram de mudar para a cidade de Canoas, trouxeram o Negrito junto. Ele, muito assustado com toda a movimentação, conseguiu se livrar da coleira e pulou do caminhão, sumindo estrada afora. Depois disso, ela nunca mais o vira.

Outro cãozinho sobre o qual ela sempre conta, e tem até fotos, é o Biluca. Minha mãe devia ter uns dezesseis anos na época. Ela o ganhou de presente do meu pai quando eles ainda namoravam.

Eles tinham outro cãozinho em casa, o Dog, mas o Biluca era o especial. Quando minha mãe saía, ele esperava ela voltar em cima do muro. Certo dia, minha mãe chegou em casa e Biluca não a estava esperando, como de costume. Ele foi envenenado por algum vizinho que se irritara com os latidos. Ela chegou em casa e ele estava agonizando. Um amigo que estava junto saiu para comprar um remédio que ajudasse a sacrificá-lo, pois ele estava sofrendo muito. Contudo, não precisou, pois ela ficou junto dele, conversando e pedindo que ele partisse sem que ela precisasse tomar a atitude de dar-lhe um remédio para ele partir, e ele morreu. Todos ficaram arrasados com a morte trágica de Biluca.

Depois de casada com o meu pai, eles tiveram um gato preto chamado Macaco. Ele era um gatinho muito esperto. Quando eles compravam leite, que antigamente eram vendidos somente em saquinhos, meus pais tinham de guardar o leite imediatamente. Caso contrário, Macaco furava o saquinho com suas garras e deliciava-se com o leite.

Nessa época, minha mãe queria muito engravidar. Teve duas gestações, mas, infelizmente, também dois abortos. Ela conta que, cada vez que engravidava, o Macaco adoecia, e quando ela perdia o bebê, ele se recuperava. Seria coincidência?

Quando meus pais chegavam em casa, eles batiam a corrente que trancava o portão e o Macaco vinha correndo para pegar carona no carro. Ele sentava em cima do para-lama do Fusca e vinha até a garagem. A única vez que eles chegaram em casa e o Macaco não foi pegar a sua carona foi quando a casa estava sendo arrombada pelos fundos. Provavelmente o Macaco estava cuidando os ladrões saírem pelos fundos, enquanto meus pais chegavam pelo portão da frente.

A última vez que eles viram o Macaco foi quando minha mãe engravidou pela terceira vez, agora da primeira filha, a Melissa.

Após isso, eles tiveram outros tantos animais: o gato Tigre, que adorava comer couve-flor; o gato Fritz, que só fazia xixi na pia do banheiro; a gata siamesa Sara, que abria as portas de casa e fazia xixi no vaso sanitário, e até um cavalo que era maltratado pelo seu dono já adotamos aqui em casa!

No entanto, o caso que gostaria muito de citar é o do Dartagnan, um cachorro vira-lata. A mãe dele apareceu lá em casa prenha, toda sarnenta, e acabamos ficando com ela. Conseguimos doar todos os filhotes, mas o "Tã", apelido carinhoso, acabou ficando conosco. Ele teve várias doenças devido à condição da gestação de sua mãe. Ele nasceu com um tipo de sarna no sangue, que não era contagiosa, mas causava uma espécie de caspa e mau cheiro. Apesar disso, ele era o melhor e o mais inteligente dos nossos bichos. O Tã andava no banco da frente do carro e de cinto de segurança, puxava as almofadas do sofá para deitar a cabeça, adorava tomar banho de sanga, chuveiro ou mangueira e era fascinado por bola. Caso não tivesse uma para brincar, ele arrancava os frutos das árvores, que eram baixinhas e de fácil acesso. O Dartagnan venceu por duas vezes uma doença viral muito difícil de curar (cinomose). Minha mãe ficava dias e dias dando remédio e chorando, agarrada nele. Ele viveu 15 anos, já estava cego, manco, só comia pelas nossas mãos e estava tomado de tumores que não tinham como operar. Tudo foi feito para salvá-lo, mas, no final das contas, acabamos por sacrificá-lo, pois ele estava sofrendo muito. No dia que o veterinário veio sacrificá-lo, achei que teríamos de levar minha mãe ao hospital, de tanto que a coitadinha chorava. Foi muito, muito triste, mas o veterinário que sempre cuidou dele afirmou que não tínhamos mais o que fazer.

Também tivemos um "quase labrador" caramelo chamado Russo. A história dele foi muito louca, pois, na verdade, ele pertencia ao irmão caçula da minha mãe, que morreu aos trinta e sete anos em um acidente de carro. Russo morava há mais de 8 km de distância de nós e nunca havia saído de casa. Sempre que a minha mãe ia visitar o irmão dela, ela dizia que um dia ela buscaria o Russo para morar conosco. Ele não quis esperar e, no dia 15 de novembro, se soltou da corrente e sumiu. Dia 31 de dezembro, véspera do aniversário da minha mãe, ele apareceu lá em casa. Meu pai o viu passando, reconheceu certas marcas do pelo dele, chamou-o pelo nome e ele veio. Magro, desidratado e faminto, meu pai entrou em casa com ele nos braços e disse para minha mãe: "Feliz aniversário, Marli. Olha o presente que foi enviado para ti!". Quem sabe não foi meu tio quem mandou, né?! Russo ficou conosco até morrer de velhice.

Não poderei contar todas as histórias de todos os nossos animais, senão ocuparei todo o livro. Afinal, foram muitos mesmo! Já tivemos ao mesmo tempo dezoito gatos (boa parte morreu atropelado). Depois, tivemos treze cachorros e nove gatos, sendo que, desses treze, onze eram cadelas. Todos os nossos bichinhos foram um dia abandonados e encontraram acolhimento na nossa casa.

Dessas onze cadelas, e cinco são as chamadas "bebezas" da minha mãe. São elas: Maria Isabel (Bebel), Mica, Vaca, Nega e Gorda – todas os grandes "xodós" da Marli! Foram abandonadas recém-nascidas em uma sacola, em frente ao trabalho da minha irmã. Como eram muito pequeninas, minha mãe as alimentava com mamadeira. Elas receberam todo o cuidado possível, mas, mesmo assim, se criaram doentinhas e frágeis, pois se desenvolveram sem o leite materno e, consequentemente, não tinham anticorpos suficientes. Talvez por isso a minha mãe tenhas se apegado tanto a elas. Cada uma delas tem um temperamento, uma peculiaridade. A Bebel, por exemplo, abre portas quando minha mãe pede, a Mica é a mais carinhosa, a Vaca, a mais brava, e assim por diante. Elas dormem com minha mãe na cama todas as noites. Antes de o meu pai falecer, há três anos, elas só dormiam no quarto do casal, e subiam na cama apenas durante a sesta. Agora, elas passam vinte e quatro horas grudadas na minha mãe, dando muito amor e carinho a ela.

8
MICHELINE E CRUEL
Márcia

A minha história tem vários animais comigo. Sou feita dessas lembranças, sou feita das características de meus animais. Posso dizer que sou o que sou por colaboração desses seres que não me deixaram sucumbir diante da indiferença do ser humano, por isso devo a eles a pessoa que sou hoje.

Sempre tive sonhos. Dentre eles este: quando tinha aproximadamente 6 anos, sonhava em ganhar muito dinheiro e rezava para um dia ganhar na mega-sena, na minha época loteria, para poder criar um local para receber crianças, idosos e animais em situação de abandono. Infelizmente isso até hoje não aconteceu. Então, conto a minha história para colaborar com a conscientização de que há muito mais do que apenas pelos em um quadrúpede.

Dos meus primeiros anos de vida até o 8 anos de idade, posso dizer que a minha vida foi excelente, com uma família normal, estruturada. Depois disso, em setembro de 1981, meu pai faleceu, ficamos em uma miséria, dependíamos de auxílio de vizinhos, de terceiros para podermos pagar as contas e até mesmo comer. Foi quando achei uma cadela na praça, perdida. Levei-a, então, para casa e dei a ela o nome de Freeway. Não sei o motivo, mas ela não durou muito, apenas 1 ano, mas deixou uma filha muito semelhante, a

Micheline, ambas eram parecidas com o conhecido cachorro Benji. Posso dizer que Micheline foi minha melhor amiga, dos 9 anos de idade até os 16. Ela estava sempre ao meu lado. Acredito que, para ela, não havia nada mais importante do que dedicar seu amor a mim, me proteger, fazer com que eu me sentisse amada, segura, importante, tanto que ela nunca deu cria.

Nessa mesma época, também pude contar com o apoio de um gato o Cruel, que de Cruel não tinha nada. Seu nome foi dado em razão do gato do Gargamel. Ambos, embora não parecesse, eram muito amigos – sempre dividiam o mesmo espaço à minha volta.

Sempre tive uma relação muito forte com os animais. Minha mãe diz que, quando eu era criança, mamava na mamadeira e era preciso que o gato estivesse por perto para que eu pudesse afagá-lo. Lembramos com alegria de quando eu chorava que queria os bichos que via na rua.

Bom, mas para não fugir da história da Micheline, lembro que esta me fazia companhia 24 horas e em todos os momentos, desde os mais triviais aos mais intensos. Ela brincava comigo de esconde-esconde, e todos descobriam onde eu estava, pois bastava vê-la próximo de algum lugar para saber o meu esconderijo. Nos divertíamos quando eu a levava para brincar na areia de construção. Ela gostava, também, de rolar na área da garagem da casa quando eu corria e dava um peixinho na área molhada. Micheline também ficava na frente da minha casa, sentada ao meu lado, quando eu pensava em dar um fim na minha vida em razão da solidão – ela lambia o meu rosto quando eu chorava.

A solidão e a insegurança eram amenizadas com a presença da Micheline e do Cruel, que eram os meus confidentes nas noites frias de inverno. Ao escrever, sinto a mesma emoção que dividia com eles. Sinto a mesma emoção quando vejo pessoas vivenciando lazer com o seu cão ou com o seu gato, interagindo não como se fossem seres de hierarquias diferentes, mas apenas de espécies distintas e de mesma importância. Não entendo o motivo de tantas pessoas serem agressivas com os animais, seres que dão a sua vida para nos proteger e, de regra, nunca nos abandonam.

Práticas de Transformação Pessoal

Práticas de Meditação

Muito se fala em meditação e, na maioria das vezes, se ouve das pessoas que elas não conseguem aquietar as suas mentes para poder meditar e, por isso, não o fazem.

Meditar é entregar-se a si mesmo sem cobrança alguma. É tirar uns instantes para si e buscar ouvir apenas a sua voz interior.

Logo que iniciamos a prática de meditação, mesmo que já tenhamos o hábito desta, por muitas vezes, somos atrapalhados por nossas próprias vozes interiores. Se persistirmos no objetivo, que é o de "aquietar a nossa mente e ouvir o nosso coração", aos poucos, todas estas vozes vão se aquietando e vão deixando espaço para a serenidade e a tranquilidade, que ficam soterradas dentro de nós por todos esses pensamentos e sentimentos que são apenas nossos e de mais ninguém.

Você, caro leitor, não precisa de horas inteiras para fazer a sua prática de meditação. Você precisa de instantes, e estes, quando bem aproveitados, nutrirão seu dia e seu ser de indizível energia transformadora. O tempo é imensurável nos universos existenciais do ser. O mundo tridimensional é mecanicamente organizado por vinte e quatro horas, mas, estas, em nossos mundos internos, são variáveis, dependendo das energias desprendidas e absorvidas pelo ser. Então, não se preocupe com seu tempo de meditação. Preocupe-se, sim, em iniciar a sua prática. Se você dispõe de cinco minutos diários para meditar, tudo bem, faça a sua meditação nesses cinco minutos. Tenha a certeza de que, aos poucos, você, por meio do seu merecimento íntimo, galgará mais e mais tempo para realizar suas práticas e se encontrar consigo mesmo.

Não brigue com seus familiares nem consigo mesmo porque você não tem tempo ou não consegue meditar, pelo contrário, ame a si mesmo e a todos que lhe rodeiam e ore para que você consiga se organizar. Peça aos seus mentores que lhe ajudem a se organizar no seu dia a dia e em suas práticas de transformação pessoal. Se você persistir em sua vontade de se transformar, com certeza você alcançará o seu objetivo. Eu mesma iniciei várias vezes a prática e tive de parar, porque este ou aquele me chamava. Irritei-me muitas vezes com isso. Até que, aos poucos, fui entendendo que eu é que estava desorganizada e que estava fazendo minhas práticas em locais ou momentos errados. Nem meus familiares, amigos, nem mesmo pessoas alheias tinham culpa de me "atrapalharem". Há muitas literaturas que nos avisam que, quando começamos o trabalho de revolução íntima ou de transformação pessoal, muitas energias vêm para nos atrapalhar. Isso é muito sério e verídico, mas o que temos de fazer mesmo é nos vigiarmos de instante em instante e mantermos o nosso objetivo existencial, ou pelo menos o nosso objetivo de meditar.

Quando usamos a nossa vontade verdadeira e interna, transformamos muita coisa dentro de nós. Experimente! Não busquemos culpados para nossos próprios fracassos. Busquemos dentro de nós a energia que transformará os fracassos em aprendizados e vitórias. Parta de um princípio e não envenene a si próprio antes mesmo de sentir o gostinho do que é conhecer a si mesmo. Se todos somos um, estaremos todos juntos nesta caminhada. Vamos lá. Eu repito, não acredite nem desacredite em nada do que escrevo, faça suas práticas e se torne um cientista de sua própria existência. Descubra você mesmo as próprias energias e as várias dimensões que seu ser habita.

Muitas vezes, quando eu ia meditar, meus pensamentos me agitavam e me inquietavam. Resumindo: eu pensava em tudo – no que eu não queria pensar, no que eu nem lembrava mais e em coisas que eu nem sabia que eu pensava. Eu fazia uma miscelânea revoltante de pensamentos dentro de mim! Por mais que lutasse contra, vinham em minha mente as contas que eu tinha de pagar, as que eu já tinha pagado, o almoço que eu teria de fazer, o filho que estava na escola, minha mãe que ainda não tinha ligado, o beijo do marido na hora da despedida para o trabalho, a roupa que eu iria usar, a agenda lotada de atendimentos, a hora que estava passando, a dor de barriga, a sede, a fome, a vizinha, o cheirinho de pão, o curso que, um dia, em um futuro distante, eu iria realizar. Tais pensamentos e sentimentos me tiravam do foco. Que foco? Eu nem lembrava mais o que eu tinha em foco. Eu tinha foco? Isso é real, acontecia comigo e, se eu me desviar do meu objetivo, vai acontecer novamente. Então, aos pouquinhos, fui me irritando, isso mesmo, fui me irritando comigo mesma e com todos esses pensamentos. Tinha dias que eu saía mais irritada da prática do que quando eu tinha sentado para fazê-la. Eu desistia e ficava muito tempo sem tentar de novo.

Minha inquietude me fazia sentir que algo estava errado e que este "algo errado" não era com a prática, e, sim, comigo. A partir daí, eu voltei às minhas práticas me analisando e orando para que meus mentores me ajudassem a descobrir o meu próprio erro. Eu lia sobre diversas formas de meditação. Comprei dezenas ou centenas de cd's a respeito, mas nada me ajudava a sentir a tranquilidade do meu ser interior, e isso me revoltava. Eu sentia e sinto, amigo leitor, que estamos vivendo de olhos fechados para a nossa própria vida. Então, eu tentava de tudo, mas meus pensamentos e sentimentos torturantes não me abandonavam. Sofri muito até descobrir que era eu mesma quem não os abandonava. Eles só estavam ali, eu é quem os puxava. O bom é que, agora, posso repassar as práticas que desenvolvi dentro de mim mesma e, quem sabe, elas podem também lhe ajudar. Não tenho vergonha de dizer que tive de persistir e que, até hoje, se eu me descuidar ainda teimarei em brigar com os meus pensamentos e sentimentos. Quando isso acontece, me lembro do exercício da Bola Branca e a prática vai se realizando.

Vamos ao exercício. Aos poucos, você também vai criar o seu próprio método de ajuda. Por enquanto, use o que descreverei a seguir.

Balão branco

Não brigue com seus pensamentos e sentimentos. Não os acelere ou fortifique-os. Apenas deixe-os. Quando estiver em meditação, imagine que todas as cenas, pensamentos, sentimentos, sensações, memórias vividas ou não, estão sendo envoltos, na medida em que vierem, em uma bola ou balão de cor branca. Imagine que você solta este balão e que tudo isso se desprende de você. Não pense se tais ideias voltarão ou não. Não pense se você usará este ou aquele pensamento mais tarde. Pense, no momento, apenas em envolvê-los no balão branco e soltá-lo no espaço. Não pense a respeito de onde os pensamentos vieram. Não se questione. Não tente resolver os seus problemas durante a meditação. Apenas deixe fluir e concentre-se em seu coração. Envolva no balão branco tudo o que vier e solte no espaço. Você deve estar se perguntando: eu vou ficar envolvendo o tempo todo, tudo, nos balão? Não será bem assim. Tente. Haverá um momento que você encontrará a sua própria serenidade, então, você buscará com mais e mais amor, a cada dia mais, a serenidade que está dentro de você e que você já sentiu.

A cada prática de meditação que você fizer, menos você brigará com sua mente. Aos poucos, tudo vai se aquietando e você vai encontrando sutis respostas sobre os processos existenciais do ser. Você vai se dando conta de onde está, de como está e o que está fazendo de sua própria existência atual. Você vai sentindo que está interagindo com o TODO, com o real, e tudo vai se transformando em sua vida. É muito bom ouvir a nossa própria voz interior. Tenho certeza de que ouvi-la será algo imensurável.

Dicas para meditar

Sentar-se: seria interessante que você se sentasse em um local confortável para fazer a sua prática. O lugar é você quem escolhe. É importante não enganar-se quanto ao meditar deitado. Não, você não meditará. Você dormirá. Então, não se deite, sente-se para meditar. Aos poucos, você sentirá a diferença no alinhamento energético que ocorre em sua coluna vertebral durante a meditação.

Fechar os olhos: uma das portas para a introspecção está no fechamento dos nossos olhos. Como somos iniciantes na meditação, dificilmente conseguiremos meditar com os olhos abertos, porque, além de ficarmos envoltos com nossos pensamentos internos, estaremos de olho em tudo o que ocorre à nossa volta. Então, feche os olhos. Feche a sua porta exterior e se entregue.

Organizar-se: se possível, e aos poucos, estabeleça alguns horários para fazer a sua prática. Cada pessoa terá o seu próprio horário. Não tente fanatizar a sua prática e brigar com você mesmo porque não conseguiu praticar no horário que pré-estabeleceu. Se não foi possível naquele horário, faça quando conseguir, mas faça. Seja sincero e procure horários nos quais você não incomodará ninguém, porque, se você for incomodado, é porque você incomodou alguém – houve apenas uma reação do outro após a sua ação. Nada é por acaso e tudo é você quem atrai. Então, seja sincero com seus horários. Aos poucos, depois de muitas brigas com o mundo, eu consegui me organizar melhor e, hoje, procuro meditar sempre às 6 horas da manhã e à noite, antes de dormir. Em especial, o horário das 6 horas da manhã me renova incrivelmente. Amo sentir a energia do dia nascendo. Você deve procurar o seu horário. Certamente vai se encontrar nele. Além dos horários estipulados, sempre que sinto a necessidade ou surge uma brechinha de tempo, procuro novamente entrar em meditação. Um bom exemplo foi o que aconteceu comigo antes de escrever este texto. Meditei como de costume, às 6 horas da manhã, e às 10 horas da manhã fiz uma meditação de cinco minutos com meu filho Luccas Jones. Renovei-me, e ele me disse que sentiu que todo o corpinho dele era um sol e que havia pedido muitas coisas boas para Jesus. Ele fez a meditação do jeito dele e eu fiz do meu, mas fizemos juntos, e isso é o que importa. Alimentamo-nos da energia do amor juntos.

Rotina: crie uma rotina de meditação. Assim como você precisa comer, beber água, escovar os dentes e outras tantas coisas necessárias e diárias, crie a necessidade de fazer a sua prática de meditação.

Seletividade e escolha: há várias práticas de meditação. Todas, se feitas com amor, lhe levarão à sua verdade interna. Aconselho que, inicialmente, você escolha apenas uma e pratique-a dia a dia, assim, você vai se familiarizando com a prática e a energia da prática com você. Seja seletivo e escolha apenas uma. Há práticas com mantras, com cantos, com luzes, com concentração na pineal, no coração entre tantas outras. Eu me familiarizei com a concentração no coração e com os balões brancos. É essa que repassarei aqui, mas fique à vontade para encontrar a sua prática de meditação.

Oração: sempre busque orar com seu coração antes de qualquer prática que você fizer. A oração o fortificará e o ajudará a manter seu objetivo de meditar.

Objetivo: Há várias formas de meditação. Entre elas, algumas estipulam objetivos para resolução de problemas ou dúvidas. Nesta que repassarei, o objetivo é apenas a busca da serenidade interior de cada um, é aquietar a mente e ouvir o coração para seguir na sua existência como cientista de si mesmo.

Prática de meditação com a concentração no coração

Depois de seguir alguns passos já citados anteriormente, sente-se em um lugar confortável. Feche os olhos e procure sentir o seu coração. Envolva todo o pensamento e sentimento que vierem em sua mente no balão branco e volte a concentrar-se em seu coração.

Fique o tempo que você conseguir ou que previamente estipulou. O tempo é individual e muito pessoal.

Não há a necessidade de usar músicas. Contudo, a prática fluirá como você se sentir melhor. É importante que você não agregue rituais à sua meditação, porque, posteriormente, esses rituais poderão dificultar a sua prática. Um exemplo é quando você se acostuma a meditar com música e, um dia, sente a necessidade de meditar em um lugar onde não tem a sua música. Não estipule cores de roupas ou roupas específicas para meditar. Medite com a roupa que você se sentir melhor. O que importa é o que está dentro de você e o aprendizado que terá interiormente. Sinta isso. Não crie empecilhos para meditar. Siga em frente e medite.

Desligando-se de seus problemas — Fé e confiança mostrando suas forças

Em nosso dia a dia aparecem situações que nos deixam tomados de revoltas internas, angústias e, até mesmo, medo. O cenário de nossos problemas nos prende a eles. Vivemos aprisionados por questões externas, necessárias para nos desenvolvermos como seres humanos neste mundo tridimensional. Devemos aprender a desligarmo-nos de tudo o que não for nosso, ou seja, de tudo o que não for verdadeiro para a nossa evolução interna. Esta prática nos ajudará a vivermos com tranquilidade o nosso dia a dia, sem precisarmos desgastar-nos com as ilusões que a nossa falsa mente nos envolve. Podemos fazer tudo: trabalhar, estudar, cuidar de nossa família e interagir com o mundo terreno sem nos prendermos à falsa ilusão da vida. Devemos sentir que este cenário é comandado por nós e somente nós podemos tomar as nossas decisões. Cabe apenas a nós nos organizarmos e fazermos nossas vidas neste plano existencial importantes e evolutivas. Temos apenas o hoje, o aqui e o agora. O amanhã é incerto e cheio de porquês.

Criamos muitas ilusões sobre os afazeres que nos rodeiam. Comprometemo-nos com falsos afazeres que agradam apenas ao ego e que, em vez de levar-nos a evoluir, nos levam a perda de nós mesmos. Sonhamos dentro de nós mesmos o tempo todo. Acreditamos piamente que somos espertos, mas, na verdade, não passamos de máquinas na mão de falsas vontades que geramos nesta e em vidas passadas. Essas falsas vontades geram uma energia que nos aprisiona. Estas energias nos sugam, deixando-nos preguiçosos, medrosos, revoltados, angustiados, gulosos e, muitas vezes, apáticos. Somos sugados pela nossa própria "falsa vontade". A natureza da energia existencial é serena e tranquila. Nós é que criamos os movimentos ascensionais ou descensionais.

Muitas vezes, quando começamos o trabalho de busca ao nosso interior, o trabalho de "quem eu sou?", "para onde eu vou?", "o que eu quero?", nos tornamos tão afoitos para melhorar que ficamos fanáticos. É importantíssimo não esquecermos de que ninguém evolui na solidão, no isolamento. Pelo menos não atualmente. O trabalho de transformação íntima é feito dentro de nós no aqui e agora e em meio à nossa vida cotidiana. Mesmo que tenhamos momentos de isolamento, momentos de extrema entrega individual, será necessário o aprendizado em meio à nossa família, ao nosso trabalho, aos nossos amigos. É necessário assimilarmos o aprendizado e a necessidade de cada existência para podermos evoluir. É no aqui e no agora que evoluiremos e nos tornaremos verdadeiros homens, não mais lá, nem acolá.

Há muitos equivocados que acreditam que evoluir é se isolar. Há os que acreditam que, se eles têm fé, se estão fazendo as práticas necessárias para a sua evolução, não terão problemas pessoais. Aí está um grande equívoco. Todos, neste plano, passaremos por problemas para os quais teremos de encontrar solução. Mesmo que estejamos acirradamente no caminho do bem, na luta por nos encontrarmos, será natural e verdadeiro nos depararmos com muitos e todos os tipos de situações-problema. Cabe, então, continuarmos nosso caminho, sempre alertas, sempre despertos em nós mesmos, sempre com fé. Não devemos esperar rosas ou pedras, nem positividade, nem negatividade. Devemos apenas seguir, um passo após o outro, uma prática após a outra, um acordar íntimo hoje, outro amanhã. Quando nos dermos conta, já teremos trilhado uma grande estrada real e verdadeira e, então, teremos conhecimento íntimo para transformarmos tudo o que nos espera.

Quando acordamos gradualmente dentro dos nossos sonhos, reduzimos consideravelmente nossos falsos afazeres, e nossa existência atual se enriquece de verdadeiras fortunas evolutivas, como o amor, a confiança, a fé e a transformação pessoal.

Não percamos mais tempo. Façamos, aqui e agora, nosso trabalho de transformação pessoal. Vamos nos encontrar conosco dentro de nós. Pare. Anime-se. Ore. Busque por você aí dentro. Inspire e expire. Imagine que você está acendendo uma lâmpada dentro de você, e que esta lâmpada está situando você no seu aqui e agora.

Prática para reencontrar-se no aqui e agora

Esta prática pode ser feita em qualquer lugar, em qualquer momento. Aos poucos, ela pode ser feita até mesmo com os olhos abertos. Ela ajudará você a se reencontrar a todo o instante que você se questionar sobre quem você é, onde está e para onde vai.

Prática:

Sente-se ou deite-se em um lugar confortável.

Feche os olhos.

Inspire e expire lentamente.

Imagine que, enquanto você inspira, uma luz vai acendendo você por dentro e que, ao expirar, a luz continua e se afirma dentro de você.

Imagine que você é como um grande abajur no formato do seu corpo humano.

Você está aceso. Isso mesmo, acenda-se.

Perceba onde você está.

Perceba que pessoas o rodeiam.

Perceba que situações reais você tem a resolver.

Pergunte-se: Quem sou? Onde estou? Para onde vou? Qual é a minha realidade?

Não resolva nada agora. Apenas reflita com o coração. Deixe que energias sutis reorganizem você.

Confie. Concentre-se.

Apenas concentre-se de que você é luz, um enorme abajur iluminado no formato do seu corpo humano.

Conte de um a sete.

Imagine que este abajur, ou seja, você, vai se desdobrando para o mundo gravitacional.

Sinta que você, pleno de luz, está em movimento lá no mundo gravitacional.

Sinta que você interage com os astros.

Sinta que você pertence à energia gravitacional.

Reflita novamente: Quem sou? Onde estou? Para onde vou? Qual é a minha realidade?

Não pense, não reaja, não brigue com os pensamentos. Apenas deixe que uma energia sutil os reorganize.

Suas energias estão em reorganização.

Ore. Confie.

Deixe fluir. Apenas se entregue para que tudo flua.

Perceba que o mundo gravitacional coloca você em sintonia com algo particular e só seu.

Sinta seu alinhamento.

Sinta a energia dos astros preenchendo você.

Sinta que a consciência de você mesmo, a consciência de "quem sou?", "onde estou?", "para onde vou?" está sendo aberta em você.

Inspire e expire. Retorne contando de sete a um.

Retorne a seu corpo físico e existencial.

Aproveite e continue com a energia que alimentou você.

Faça quantas vezes for necessário. Deixe que todo o seu corpo continue sempre como o abajur: iluminado. Quando você se der conta de que se esqueceu disso, de que o abajur apagou, faça a prática novamente. Se não tiver tempo, apenas imagine que o abajur está acendendo novamente e ore para que as energias gravitacionais que transpassam a matéria façam a prática para você no aqui e agora, sem a sua consciência física. A energia gravitacional que é nossa sempre nos ajudará no bem e para o bem. Há muitas práticas que podem ser feitas quando acessamos a consciência universal. Vamos aprendendo isso aos poucos.

Continue comigo. Vamos juntos buscar a nós mesmos. Não pense em melhorar de uma vez. Pense em melhorar aos poucos. Se você der todo o seu gás agora, cansará logo, logo. Anime-se com a sua verdadeira energia que sutilmente invadirá você e organizará a sua vida.

Prática para ajudar você a resolver os seus problemas

Fé e confiança
Organização e vontade

É importante que você saiba separar você de seus problemas. Você é você, seus problemas são seus problemas, eles não são você, e sim estão ligados a você. Eles são gerados por você, então, somente você poderá resolvê-los e desligá-los. Resolver um problema é compreendê-lo com o coração e dissipar a energia física equilibradamente (trabalho, organização, atitude, persistência, perspicácia, sensatez) para resolvê-lo. Junto a isso, unimos nossa energia transpessoal (amorosa, vibracional, evolutiva) para se agregar e alinhar essa situação.

Nada em relação ao mundo material se dissolve somente com o pensamento. Lembre-se, vibramos na terceira dimensão, que tem matéria física condensada, se distribui em comprimento, altura e largura. Nosso corpo físico tem uma vibração ligada, arraigada a esta energia mais densa que os outros corpos do Ser. Nosso pensamento e sentimentos estão relacionados ao corpo físico e são gerados, em um primeiro plano, por este corpo físico, portanto, também são densos. Nossos outros corpos existenciais, os que convivem, se animam e se reanimam com a evolução do nosso ser, são mais sutis, mas ainda em processo evolutivo. Quando temos um corpo físico, de certa forma, deixamos estes outros corpos vibrando em uma densidade inferior ao do corpo físico. Então, para resolvermos um problema, precisamos revolvê-lo no aqui e agora, na nossa densidade tridimensional. Assim, realmente desligaremos de nós mesmos, e nossos outros corpos, que estão ligados plenamente em nós, também evoluem, também se liberam dessa energia densa. Sinta em seu coração o que estou dizendo. Para resolver um problema, precisamos usar todas as nossas capacidades físicas e extrafísicas.

Não resolveremos nada esperando que um milagre caia dos céus. Ao contrário, meu amigo, minha amiga, milagres não caem do céu, eles são gerados dentro de nós e por isso acontecem, são gerados por nossa força interna unida à força física do aqui e agora. Então, se você está esperando sentado que alguém ou algo, quem sabe uma força suprema, resolva algo para você, cuidado! Podem cair pedras e mais pedras em vez de milagres. O problema ficará cada vez mais difícil, e sua energia transpessoal, cada vez mais desalinhada. Então, deixe de preguiça e resolva com amor, com práticas e com vontade os seus problemas. Trabalhe com afinco e dedicação. Recorde-se de você de instante em instante. Faça suas práticas diariamente, e aquelas que conseguir e lembrar, constantemente. Encare tudo. Não tenha medo. Confie e ore.

Prática

Sente-se em um lugar confortável. O interessante é sentar, porque, deitados, na maioria das vezes, nos conectamos ao sono e esta não é a nossa intenção, pelo menos agora.

Feche os olhos.

Inspire e expire profundamente. Você pode contar de um a quatro na inspiração, segurar a respiração um pouquinho e expirar também na contagem de quatro a um.

Imagine-se cheio de luz. Imagine que você é o amigo abajur. Você está todo iluminado. Suas pernas, mãos, braços, costas, abdômen, cabeça, o corpo todo está pura luz. Sinta que a vibração de seu corpo já se eleva somente com a energia da luz. Veja-se todo em luz.

Pergunte-se: Quem sou eu? Onde estou? Para onde vou? Recorde-se de você nesta imensa luz.

Agora, visualize a sua imensidão. Veja toda a luz que forma o seu corpo.

Permita-se sentir que você é você. Permita-se verificar que não há problema junto a você. Veja as luzes. Sinta-as. Sinta-se gerador de sua própria energia.

Energize-se.

Agora, conte até sete. Veja o seu corpo subindo. Veja que ele está indo ao mundo gravitacional. Isso mesmo. Seu corpo está no mundo gravitacional e, ali, você vibra em sintonia com os astros e as estrelas – você e sua energia.

Escolha no máximo três problemas que você precisa urgentemente resolver. Mesmo tendo muitos problemas para resolver, desta vez, escolha apenas três. Se você tentar arrumar tudo de uma só vez, você só fará uma grande bagunça.

Pegue um a um. Imagine que uma bola dourada envolve o problema. Imagine que a energia dourada envolve o problema.

Pense no problema. Peça a esta energia de organização ajudar a você na solução do problema.

Imagine que a energia dourada abraça todas as pessoas envolvidas nessa situação, que tudo está iluminado. Observe que, quando tudo está iluminado, nossa visão fica melhor e mais ampla. A luz aumenta a amplitude das coisas, logo, aumentará a sua força na resolução do problema.

Crie um mundo, uma bola dourada à parte de você. Conte de um a sete. Permita que a energia dourada em forma de bola, que está envolvendo cenas, pessoas, cenários e o problema em si se distancie de você. Sinta que ela é absorvida e entra em sintonia com o universo. Deixe-a lá. Deixe-a lá, acoplada ao mundo gravitacional.

Peça à energia divina que desacople aquela energia quando for propício. Conte mentalmente de sete a um e confie.

Ore.

Desligue-se deste problema e reorganize-se para outro problema, repetindo o processo da bola dourada. Lembre-se de refletir novamente sobre quem você é, onde você está e para onde você vai.

Lembre-se de visualizar-se no mundo gravitacional cheio de luz. Você é luz. Você é energia divina.

Chame para o mundo gravitacional o terceiro problema e faça todo o processo novamente. Lembre-se: você deve trabalhar no máximo três problemas de cada vez, mas, mesmo assim, o ideal é trabalhar um a um. Por mais prática e atenção que tenhamos, é muito fácil nos dissiparmos durante a meditação ao nos identificarmos com a nossa fatídica existência atual, ou seja, com os problemas que precisamos resolver.

Quando sentir que está identificado com o problema, observe-se, vigie-se, ou seja, imagine-se na luz, seja o velho amigo abajur que nos acompanhará por muito tempo em nossas existências.

Depois de feito tudo, imagine-se, ainda, cheio de luz. Conte de sete a um. Imagine que você está descendo ao plano terreno e conectando-se ao seu corpo físico.

Inspire e expire tranquilamente. Não tenha pressa. Use o tempo compatível à sua rotina.

Continue sua rotina normalmente, mas sinta-se cheio de luz. Você perceberá, aos poucos, que seu problema não é um monstro e, melhor, você não terá mais medo de mexer nele. Veja-o como um amigo, mesmo que seja difícil, e que esse amigo vai levá-lo a um grande aprendizado. Não é difícil fazer isso, basta você querer. Aos pouquinhos, você perceberá que tudo, inclusive você, vai se alinhando. Pessoas vão surgir para ajudá-lo. Seu trabalho ficará mais fluídico, ou seja, tudo fluirá melhor. Quando você vê, o problema vai se resolvendo e você se libertando. Faça esta prática sempre que puder. O ideal é ter confiança, perseverança e organização. Nunca esqueça que você é o personagem principal de sua própria vida.

Se preferir, a cada prática, anote as sugestões que virão em seu coração para a resolução dos problemas. Talvez elas permitam a você refletir no seu modo de agir com o mundo. Sugiro que você compre um caderno e anote todos os métodos de resolução que virão, gradativamente, com as práticas que você fará. Não deixe de se organizar.

Não fuja. Não dá tanto trabalho assim e, além do mais, você será beneficiado e se sentirá bem mais leve.

Reequilibrando seus elos genéticos

Sente-se em um lugar confortável. Feche seus olhos. Entre no mundo da sua imaginação. Transforme-se dentro de você mesmo. As energias podem ser invisíveis até certo ponto, mas podem ser sentidas e incorporadas em uma simples prática. Faça-a com amor e com a intenção de melhorar a si mesmo. Não espere por um dia ideal para começar. Apenas comece. Não incremente muito, senão você pode desistir. Seja simples e faça da sua forma, sempre com a emanação do puro amor.

Imagine que você está envolto por um grande e circular arco-íris. Crie dentro de você a energia dessas cores contando de um a sete. Organize-se no seu tempo. Uns são mais rápidos, outros são mais lentos. Uns sentirão muito, outros não sentirão praticamente nada. Conforme você for repetindo a prática, os elos endurecidos de sua energia vão se abrindo e permitindo uma nova transformação pessoal.

Agora, lentamente, sinta as energias dentro de você. Sinta quem você é, onde você está e para onde você vai. Deixe que o arco-íris, como em um passe de mágica, adentre todos os seus canais mentais, emocionais e espirituais. Imagine os vários reinos que sua alma, sua energia, já pode ter habitado. Deixe que o arco-íris também energize esses reinos. Sinta que você é um imensurável todo. Não julgue. Apenas se aceite. Continue vibrando com esta energia. Imagine as várias cadeias existenciais que fazem e que fizeram parte de suas existências. Sinta-as. Lentamente, deixe que o grande arco-íris se transforme em um grande balão, um grande balcão multicolorido que levará você e suas memórias para o alto. Imagine-se flutuando no alto. Ao contar de sete a um, permita que o balão estoure e, amorosamente, liberte todo o conteúdo que estava preso nele. Deixe que todas as emoções e pensamentos sigam o seu rumo. Sinta-se, ao contar mais uma vez de sete a um, dentro de você. Abra os olhos. Agora você é você de novo. Sinta-se mais limpo e renovado.

Como se desvincular de pessoas geradoras de energias pesadas e descensionais que respingam em você

Não esqueça que fazemos parte de um todo. As práticas ajudam a melhorar a energia periférica que atua em sua vida, mas a verdadeira transformação ocorrerá com a compreensão do interior de cada um. Ninguém, por mais poderoso que seja, pode gerar em nós algo que não está em nossa natureza.

Amar a nós mesmos e aos outros, perdoar e ressignificar nossas vidas com valores mais elevados e equilibrados nos ajuda bastante. Não procure culpados, busque dentro de você o gerador de tudo isso.

Prática

Respire levemente, sentindo o seu corpo e sua a respiração, como se todo o seu corpo, lentamente, estivesse envolto em um grande arco-íris. A luz do arco-íris envolve você como um abraço, levando-lhe para o momento em que você conheceu a pessoa que está lhe gerando energias pesadas. Envolva-a na luz do arco-íris.

Agora, vocês dois estão caminhando por uma estrada que os conduz até o hoje. Os dois estão envoltos na luz do arco-íris. Tente se lembrar de tudo o que você quis compartilhar com essa pessoa, e tudo o que não quis. Respire sempre leve e profundamente, abrindo o seu coração, querendo realmente libertar-se dessa pessoa e também libertá-la. Neste momento, o que ela lhe fez e o que você fez para ela, apenas liberte-se.

Conte até três mentalmente. Pense o porquê de tanta prisão entre vocês, e qual o motivo para tanta raiva, tanto medo, tanta indecisão. Envolva esses questionamentos com as respectivas respostas na luz do arco-íris.

Respire profundo.

Reflita sobre o porquê de tanta mentira entre vocês, tantas pessoas entre vocês. Conte até três novamente. Questione-se sobre a diferença que essa pessoa faz hoje na sua vida, que sentimentos ela lhe causa. Tente sentir algo de agradável que ela lhe cause, e envolva todas essas sensações na luz do arco-íris.

Tente envolver a pessoa na luz do arco-íris, como se fosse um balão. Deixe o balão partir, seguir o seu rumo.

Agora olhe para você. Se essa pessoa não faz diferença em sua vida, trace uma existência sem ela, uma dimensão sem ela e envolva-se também na luz do arco-íris.

Pegue tudo o que vocês têm juntos – contratos, acordos, materiais ou espirituais –, peça licença a ela, para a energia dela, dizendo: "Você vai seguir o seu rumo". Deixe a luz do arco-íris envolver tudo o que vocês têm juntos, não deixe nada para trás.

Confie que tudo ficará bem. Respire leve e profundamente. Abra o seu coração, deixe tudo para trás.

Novamente, olhe para você, confie em você, na sua força, na sua vibração, na sua energia.

Trace suas metas agora. Tudo o que você quer para você, tudo o que você precisa para você. Visualize-se conseguindo tudo sem essa pessoa. Olhe para os seus ombros e os sinta mais leves. Suas pernas também estão mais leves, a ponto de você conseguir caminhar mais rápido sem que ninguém o carregue. Suas mãos estão mais soltas, não estão mais amarradas à pessoa. Sua boca, sua voz, não fala mais nela, não precisa mais dela.

Você vai fazer isso sempre envolto na luz do arco-íris, respirando leve e profundamente. Sinta a luz em você por inteiro. Você é luz.

Prática em família

Todos os integrantes da mesma família têm momentos a serem revividos, ou seja, energias que precisam ser compreendidas e que ficaram em um tempo perdido, mas não esquecidos. Todos os vínculos, genéticos ou não, são propositais e fazem parte do grande ensinamento da vida. Por mais que não gostemos de alguém ou de outrem em nossa família, eles estão ligados em nossos registros pessoais e é com eles que temos de aprender a conviver para nos libertarmos de nossas próprias amarras pessoais. Quando fazemos a nossa parte, ajudamos também ao outro. Por isso, é importante fazermos a nossa parte e não esperarmos por ninguém.

Faça a sua parte e espere o resultado surpreendente que virá em relação às suas convivências familiares. Nesta prática, se você possui animais e plantas, imagine que eles também ocupam um lugar especial nesta grande roda familiar. Eles também fazem parte da sua família.

Prática

Façam um relaxamento. Reúna todos familiares que se propuserem a fazer esta prática. Não obrigue ninguém, apenas convide. Caso você sinta em seu coração que esta pessoa necessite estar ali, mas ela não está, imagine que ela está – a imaginação cria e transforma. A energia da imaginação age sobre os corpos existenciais e energéticos.

Sentem-se em círculo. Imaginem um grande círculo de luz orientado por cadeiras dispostas. No centro do círculo, imaginem uma grande fonte solar, como se fosse um grande sol que irradia energia luminosa e oscilante para todos ali sentados. Um grande sol de coração. Imaginem que o seu corpo está dividido em duas partes: o lado direito está em branco e o esquerdo em preto. À medida que o corpo relaxar e que todos se sentirem à vontade, coloque uma música tranquila e que seja do gosto de todos. Geralmente, eu uso cd's com cantos de pássaros. Use o de sua preferência.

Imaginem que essas duas cores, preto e branco, estão no interior de seus corpos agindo como energias. Uma trabalha o lado esquerdo do cérebro, a outra o lado direito. Paralelas, elas seguem agindo por todos os órgãos. Imaginem que todos os familiares estão em preto e branco e que, aos poucos, a energia desse grande sol está invadindo amorosamente cada um de vocês. Imaginem que não há mais divisões de preto e branco. Há simplesmente corpos solares envolvidos em amor, perdão, compreensão, equilíbrio e vontades.

Agora, traga um assunto para o grande grupo. Algo que esteja em desequilíbrio dentro de sua família. Coloquem este assunto no centro, no grande coração solar, e orem para que consigam buscar uma resolução amorosa. Imaginem que esse assunto está se envolvendo em mais e mais luz, e que a luz está percorrendo meios energéticos em busca de uma melhora.

Cada um faça por si só. Se preferirem, conversem sobre o tema escolhido antes e, se você está fazendo a prática sozinho, faça o mesmo. Converse com sua imaginação.

Agora, depois que tudo, tanto vocês, quanto a proposta, estiver envolvido em luz, respire profundamente e volte a sentir o seu corpo. Abram seus olhos. Sintam-se todos. Abracem-se. Perdoem-se e amem-se.

Já fiz várias vezes esta prática com minha família ou com os grupos em que ministrava cursos. Incluía tantas outras pessoas usando a minha imaginação. Tente também.

Tire uns minutos de seu tempo. Pratique este relaxamento e sinta todo o seu corpo em perfeita harmonia e paz. Tenha a certeza de que algo pode mudar na sua vida e na vida da sua família.

Para uma lâmpada ter luz, ela precisa do positivo e do negativo em perfeita sintonia. Precisamos, porém, de alguém para ligar essa lâmpada.

PEDACINHOS DE MIM PARA VOCÊ... PEDACINHOS DE VOCÊ PARA MIM

Muitas vezes me pergunto o porquê da ligação com as pessoas, o porquê de tantas vezes eu estar na frente de alguém e saber exatamente o que a pessoa sente, como se eu estivesse dentro da pessoa, como se eu fosse ela mesma. Você já sentiu isso?

Pare um instante. Não tenha pressa. O livro não vai fugir! Quando você terminar este livro, outro surgirá, mas, antes, devore este. Eu gostaria de passar para você o que levei trinta e sete anos para aprender e sentir.

Vamos fazer juntos uma viagem dentro de suas vivências com as pessoas. Dentro de sua vida. Sinta comigo.

Fui unindo as minhas dúvidas às várias respostas que se encaixavam. A cada dia, uma resposta vinha. A convivência com muitas pessoas e com suas intimidades e a entrega dos amigos que compartilhavam comigo determinado momento foi fazendo crescer em mim a resposta que eu tanto procurava.

Hoje sei que as melhores respostas são as que vêm em semeadura. Escolhemos as sementes, lavramos a Terra para fertilizá-la, plantamos, cuidamos a cada dia do que surge, observamos a transformação da semente em broto, em folha, em flor e, mais tarde, vemos o grão ou o fruto que será colhido para nós ou para outra pessoa. A experiência, a espera e a memória estarão dentro de nós e nunca ninguém nos tirará isso. É como se não precisássemos comer o fruto ou o grão, já o comemos antes, já sabemos tudo sobre ele. A observação e o cuidado que tivemos nos transformou em um pouco dele e ele em um pouco de nós.

Assim acontece com as pessoas, com o nosso contato com o mundo externo, com tudo o que ocupa lugar neste universo. Tudo é uma grande troca. Doamos e recebemos. Recebemos e doamos. Nada é por acaso.

Vamos aprender a olhar de verdade para alguém e para o todo. Olhar de verdade para alguém é não julgá-lo, é não avaliar se é feio ou bonito, simpático ou antipático. Olhar de verdade para alguém é entrar no universo escondido que há dentro dessa pessoa. Só conseguimos fazer isso se estivermos vivendo no momento presente. Temos de esquecer de todo o resto, de nos entregar para o momento presente. Aos poucos, vamos desenvolvendo outras técnicas. Aos poucos, parece que dois corpos se formam dentro de nós. Eles sabem exatamente o que está acontecendo a sua volta, estão cientes de que aquele é um momento de troca, sem esquecer-se de ativar seus sensores para todo o resto que acontece. Nesses dois corpos, há um que conversa e observa, dá e recebe vivências, e outro que nos deixa conectado ao nosso mundo real, ao lugar e ao momento em que estamos, aos sons, às outras pessoas. É como se esses dois corpos estivessem realizando seus trabalhos sem serem interrompidos. Parece que, ao fazer isso, você se sente conectado à sua vida, à vida da outra pessoa e ao mundo que corre em sua volta. Aos poucos, você vai se tornando consciente do todo em que você está inserido.

Prática de auto-observação

Buscar-se de instante em instante. Lembrar-se de si mesmo. Onde estou? Para onde vou? Quem sou? Se preferir, olhe-se. Olhe para o seu corpo físico, para as roupas que está vestindo. Olhe para o lugar em que o seu corpo físico se encontra. Desenvolva, aos poucos, a observação de si mesmo e do ambiente em que você se encontra.

É importante, também, prestarmos atenção nos sentimentos que estão passando por nós de instante em instante. Aos poucos, vamos reconhecendo os caminhos que tais sentimentos percorrem dentro de nós e o que eles causam na gente.

Você não precisa deixar de fazer algo externo para fazer esta prática. Você a usará justamente em sua rotina. Aí está o segredo. Buscar a si mesmo no meio da tempestade ou da calmaria.

Prática de desdobramento astral

Conforme já abordei anteriormente, há uma diferença de densidades energéticas entre os corpos existenciais e as dimensões que esses corpos habitam ou locomovem-se. Todos nós, independente de nossa vontade, temos partículas desses corpos e viajamos em diversas dimensões, mesmo que inconscientes. Quando dormimos, nosso corpo astral viaja por tais mundos e, muitas vezes, nos traz lições e aprendizados dessas terras. Às vezes, temos sonhos com premonições que são nada mais, nada menos, do que lembranças de nossas viagens astrais, nas quais recebemos avisos dos amparadores espirituais.

Desdobrar-se conscientemente em astral nos proporciona comprovar as verdades e as mentiras do existir. Há muitas controvérsias em relação às dimensões, à espiritualidade, aos corpos existenciais, aos chacras, ao ir e vir das mônadas. Há muitos fanatismos religiosos que disputam um ou outro deus, tal ou qual força. Há muitas dúvidas sobre a morte, sobre o que morre, sobre o que retorna, se há ou não reencarnação. Infelizmente, nós, seres humanos, temos muita preguiça de descobrir quem realmente somos, de onde viemos ou para onde vamos. Uma das formas de tirarmos a limpo nossas dúvidas é por meio do desdobramento astral consciente. Ele nos leva a sanar as nossas inquietudes e nos transforma em cientistas de nossa própria vida.

Não necessitamos nos desdobrar conscientemente de uma hora para outra, mas podemos começar a tentar. Treinar na hora de dormir se torna uma rotina e nos ajuda a nos desdobrar cada vez mais. Aos poucos, a prática passa a não ser tão difícil e vamos conseguindo acessar o mundo astral de forma rápida e consciente. Temos de começar, sem medos. Além disso, não precisamos dizer para o nosso companheiro ou companheira parar de roncar ou de se mexer, por exemplo, quando vamos dormir com ele ou ela. Não precisamos culpar os outros pelo nosso insucesso. Devemos, sim, nos concentrar em nosso objetivo, e todo o resto se transforma. Por exemplo, se estamos com fome, buscamos alimento até nos saciarmos, então, se queremos desvendar os mistérios da vida e da morte, devemos procurar nos conhecer e viajar conscientemente por os mundos internos existenciais.

Não quero que você acredite no que escrevo. Ficaria muito feliz se você compartilhasse comigo tais experiências e, quem sabe, pudéssemos nos encontrar no mundo astral. É importante que você busque, a cada dia, concentrar-se mais e mais em você, ou seja: Quem sou? Onde estou? Para onde vou? Estou ou não acordado? Estou dormindo ou sonhando? Isso tudo responderá para você onde seu corpo físico se encontra. Vá se acostumando a fazer esses questionamentos sempre que lembrar. Quando a resposta sobre onde você está for "corpo físico", você está acordado no plano terrestre. Dê um pulinho, um leve pulinho, e olhe conscientemente ao seu redor. Como temos diferentes densidades nas dimensões, se você estiver no plano da Terra, você pulará e voltará pesadamente, mas se você estiver no plano astral, você flutuará, porque a dimensão astral se mostra, para nós, menos densa, então, nosso corpo astral flutua.

Por muitos anos, usei a prática do pulinho, que aprendi nos livros e nos cursos baseados nos escritos do mestre Samael Aun Weor. Os ensinamentos dele, assim como de todo o movimento gnóstico cristão universal brasileiro, me foram de grande ajuda. Acredito que eles estão comigo, no aqui e no agora, e me acompanham no meu aprendizado. Nada é por acaso, e tudo vai somando em nossas vidas.

Uma das dificuldades que encontrava com o pulinho é que eu me perguntava onde estou e minha mente automatizada me respondia: "Ah, eu sei! Estou acordada!". Por mais estranho que pareça, às vezes eu estava dormindo e perdia uma maravilhosa experiência de aprendizado no astral. Então, meus amigos, sempre duvide de onde você está.

Pergunte-se agora, junto comigo. Você está sonhando ou acordado? Acabei de me perguntar, de dar o meu pulinho e de olhar para o meu coração. Senti todo o meu corpo físico aqui, digitando, neste teclado, nesta sala. Neste momento, estou em Garopaba, SC, olhando para um abençoado mar. Sinto em meu rosto uma suave brisa quente. Enfim, estou na Terra e acoplada ao meu corpo físico. Olho à minha volta. Ao meu lado está meu filho Luccas Jones, serelepe e alegre. Ele me pergunta: "O que foi, mãe?" Eu digo: "Nada, querido. Só estou te olhando. Eu te amo". Ele me diz: "Eu também!". Retornamos, cada um, aos nossos afazeres.

Transcrevo minhas particularidades para demonstrar que podemos trabalhar sobre nós mesmos sem sair do nosso cotidiano, sem expulsar de perto nós nossos familiares. Quando comecei, nesta existência, o meu trabalho sobre descobrir a mim mesma, virei uma grande fanática e me isolei do mundo. Isso me prejudicou imensamente e acabei magoando várias pessoas pelo meu fanatismo. Então, quero deixar transcrito aqui que faço minhas práticas junto aos meus familiares. Se eles não estão perto, sem problemas, se estão, sem problemas também. Meu filho Luccas Jones, de nove anos, medita comigo várias vezes. Ele se mexe e remexe, sem me atrapalhar nem um pouco, porque sei que chegará o momento em que ele vai se aquietar e que eu me desprenderei da matéria e entrarei nas outras dimensões. Escolho alguns momentos do dia em que posso ficar mais quieta ou solitária, mas isso não é regra, ou seja, se não consigo estar só, faço com eles à minha volta. O que importa é que eu não me perca na energia mecânica que nossos afazeres nos envolvem. Não deixo de ser mãe, esposa, estudante, dona de casa, profissional, enfim, não deixo de viver e cumprir com prazer minhas obrigações terrenas para trabalhar sobre mim mesma. Eu busco a evolução interior a partir de tudo o que a vida me proporciona. Ao deitar à noite, ao lado do meu amado marido Antonio Luiz, abraçada ou não, eu busco fazer a prática de desdobramento astral. Não deixo de trocar carinhos e amores com ele para fazer a minha prática. Eu me organizo, amorosamente, e tudo flui. Não podemos deixar de cuidar das pessoas que nos rodeiam, de sermos veículos de amor. Tudo vibra no aqui e agora, e é isso que fará a diferença em despertar ou não a nossa consciência. A oração deve ser constante em nossas vidas e não apenas a oração ensinada, mas aquela sentida em nossos corações. Ore e organize-se. Tudo pode dar certo. Só depende de você.

Além do pulinho, aos poucos, eu também fui usando a prática de olhar para o meu coração e verificar se ele estava em formato físico ou não. Aos poucos, fui percebendo que, seu estivesse no mundo astral, meu coração se mostrava multicolorido ou com um brilho diferente do brilho do coração físico. Hoje, posso dizer que a prática de recordação, que mais uso, é olhar para o meu coração e, amorosamente e sem mecanicidade, fazer as perguntas: Onde estou? Para onde vou? Quem eu sou? Se, por acaso, a resposta que vier me mostrar que estou no mundo astral, faço uma oração e peço que meus amparadores espirituais me conduzam aos ensinamentos que necessito. Caso a resposta que vier me mostre que estou no plano da Terra, eu continuo com meus afazeres, mas também oro, para que os mentores me ajudem a recordar de mim mesma, de instante em instante.

Na cama, ao deitar, eu me concentro nas batidas do meu coração. Às vezes, essa batida se mistura com um barulho de grilinho que parece concentrar-se no meio de minha cabeça. Eu tento me concentrar só em mim e deixar que todo o barulho externo fique em segundo plano. Nada, nesse momento, tira o meu foco. Então, eu oro e peço aos mentores que me ajudem nesta noite de sono e que me conduzam por lugares nos quais eu necessito estar, com energias que me ajudem na evolução interna do ser. Muitas vezes, eu adormeço e não percebo que meu corpo astral já se desprendeu, me dando conta de que estou em viagem astral em outro momento, no meio de um sonho, por exemplo. Outras vezes, eu sinto claramente que meu corpo astral está se desprendendo. O grilinho da glândula pineal vai ficando cada vez mais forte e as batidas do coração cada vez mais agudas. Assim, sinto um estalo e vejo meu corpo astral se desprendendo do corpo físico. Olho ao redor, vejo meu quarto, minha cama, meu marido dormindo, e sigo, na maioria das vezes, ao lado de Damião, de Tereza, de Natan ou do amparador que estiver comigo. Sigo nos aprendizados que me levarão a ser cientista da minha própria existência.

Recapitulando com você: é importante fazer a prática de recordação, do pulinho ou do coração sempre que lembrar. À noite, ao deitar, faça a sua oração e peça que os mentores lhe levem em lugares para o aprimoramento de seu aprendizado evolutivo. Concentre-se nos sons da glândula pineal ou do coração. Se não conseguir presenciar conscientemente o seu desdobramento, você já estará sustentado pela prática diária que fez ao se lembrar do pulinho ou do coração. Tais práticas o ajudarão a despertar no astral. O que se faz aqui, se faz lá. Se você se lembrou do pulinho ou do coração aqui, lembrará do pulinho ou do coração lá no astral. Então, boa viagem. Aproveite que esta será a sua viagem astral.

Em nossa casa, ou no ambiente em que estamos dormindo, há energias que são captadas por nós mesmos que nos impedem, muitas vezes, de seguirmos com as nossas práticas. Lembre-se de que todos os nossos obsessores são atraídos por nós mesmos. Ninguém nos manda nada que nós mesmos não tenhamos atraído. A feitiçaria, por mais forte que seja, não transpõe o amor verdadeiro que habita em nós. Então, não culpe o outro pelo seu insucesso, culpe apenas a você mesmo. Use o amor verdadeiro até mesmo ao culpar-se. O fantasma do outro, que reside no ambiente no qual estamos dormindo, não tem a energia capaz de atrapalhar o nosso desdobramento, a menos que nós lhes demos essa energia. Então, prossiga e desdobre-se, sem medo, mas com amor e fé.

Faça, antes de dormir, uma oração. Imagine que todo o ambiente do seu lar, todo o seu quarto, está sendo invadido pela pura energia da oração. Peça que os amparadores espirituais protejam seu corpo físico durante o seu sono. Imagine sua casa protegida por um grande casulo energético. Coloque a cor que seu coração mandar nesse casulo. Você tem apenas de se entregar para a oração e criar.

Se puder, anote, todos os dias, todas as experiências que você lembrar que teve no mundo astral. Você perceberá que elas se encaixam, como em um quebra-cabeças, e vão lhe ajudando a tomar decisões importantes em sua vida. Se quiser, compartilhe suas experiências comigo, por meio do contato com o autor que contém no início deste livro. Aguardo você.

Prática de autorrecordação

Parece estranho, mas esquecemos de nós mesmos de instante em instante. Somos tragados pela densa energia da teia existencial e, muitas vezes, ficamos tão presos à nossa própria mecanicidade que não conseguimos nos mexer.

Quando as mônadas habitam os vários corpos existenciais, elas adquirem uma densidade diferente daquela de sua origem. Cada plano tem uma densidade específica. Cada plano é regido por leis específicas necessárias para tal plano. A lei universal é o Amor. O amor rege todas as mônadas e todos os planos. A cada momento que nos lembramos de nós mesmos com consciência, vamos nos libertando de muitas leis mecânicas e vamos nos religando ao Amor.

Toda lei mecânica é necessária para organização da energia existencial. Assim como temos nossas leis ou regras individuais, o

Universo também se organiza dentro das próprias leis. A física, a química e a matemática têm suas normas, e nós, mônadas essências em aprendizado, vibramos dentro dessas normas para não nos perdermos tanto dentro de nós mesmos. Assim como uma criança se distrai com um brinquedo e esquece de todo o resto à sua volta, nós, quando descemos e habitamos corpos mais densos, muitas vezes, para não dizer na maioria das vezes, nos esquecemos do que viemos fazer aqui.

    Nossa missão é despertar a nossa consciência. Nossa missão é buscar dentro de nós mesmos o amor verdadeiro e repassar esse amor para a humanidade, para o universo, para todos os seres que, assim como nós, esperam o amor. Independente da religião que tivermos, todos temos a mesma missão: buscar, no aqui e agora, o nosso real ser. Infelizmente, nos esquecemos disso e nos perdemos na vida. É como se nós ficássemos sonhando, como se tudo passasse por nós como uma grande tela de televisão e ficássemos ali, olhando, inertes e perdidos em devaneios.

    Na medida em que vamos buscando a nós mesmos, vamos sentindo que há algo mais do que simplesmente a mecanicidade. Vamos conseguindo manejar o nosso aqui e agora de forma mais consciente e produtiva. Conseguir observar a si mesmo não tem relação com o fato de ter ou não problemas pessoais, e, além disso, nos orienta na forma de agir com os nossos problemas. Estarmos conscientes momentaneamente de quem somos, de para onde vamos e de nossa relação com o universo vai abrindo caminhos, gradualmente, para ficarmos cada vez mais acordados dentro das muitas ilusões da vida. Isso, juntamente com o trabalho sobre os nossos defeitos psicológicos, vai nos colocando no caminho da evolução da nossa mônada, e vamos nos tornando parte consciente de um todo. Ao mencionar que todos somos um, quero dizer que todos viemos de e voltaremos para um mesmo lugar, e nossa volta poderá acrescentar no todo se fizermos o trabalho interno e individual de revolução da nossa consciência.

Aqui, neste mundo ou em qualquer outro plano, ninguém é melhor do que ninguém. Todos nós somos necessários à evolução. Trabalhar sobre nós mesmos mediante o autoconhecimento e o aprimoramento de nossa consciência se faz necessário. Na medida em que vamos progredindo em nossas buscas e descobertas, vamos nos dando conta da imensidão que se mostra à nossa frente, e vamos sendo invadidos por um sentimento de amor incomparável e imensurável. Eu vejo neste mundo tridimensional pessoas brigando e disputando por poderes, quando deveríamos nos preocupar mais conosco e com uma forma de fugirmos desta ilusão que é a vida, quando a levamos de forma inconsequente. Eu vejo pessoas que se sentem "muito importantes", "grandes pessoas", e que, ao perderem suas forças físicas, ao envelhecerem ou adoecerem, se transformam em pura fragilidade. Se tais pessoas, assim como nós, buscassem o poder pessoal, com certeza, melhorariam a qualidade de vida e não seriam tão frágeis. Seríamos conscientes do hoje e viveríamos imensamente. Faríamos, sim, grandes transformações no mundo físico, mas, dentro de nós, tudo também estaria em transformação. Se desenvolvermos a auto-observação, a prática diária de meditação e de desdobramento astral, grande parcela de autocura seria realizada e não nos tornaríamos tão dependentes de máquinas, de dinheiro, de remédios e de profissionais da saúde.

Nossas células também são seres e fazem parte de nós. Elas também sentem e têm sentimentos e pensamentos, além de uma energia transcendental. O alimento para elas não é apenas físico, pois completa-se com o alimento espiritual. A fé, a oração, o amor e as práticas transformadoras alimentam as nossas células e nos ajudam a galgar a estrada da nossa missão de forma mais forte e clara. É indubitável que, fortificando o corpo e a mente, o nosso espírito consegue atravessar mais e mais barreiras inimagináveis para o mundo físico. Só quem medita sabe o que é meditar, só quem se desdobra em astral sabe o que é a energia e os ensinamentos sobre os quais estou falando, só quem busca por si a cada instante sente o quanto isso é revelador e transformador. Então, venha comigo, vamos viajar juntos neste universo. Você é o seu piloto. Somente você poderá estabelecer aonde quer chegar.

A prática de auto-observação é muito simples. Basta você buscar-se, chamar-se. Por exemplo, eu me chamo Daniela, então, eu me busco a todo o instante que eu conseguir lembrar. Olho-me interiormente e me pergunto: o que eu estou sentindo? O que eu estou pensando? Que sentimentos estão se processando dentro de mim? Isso sem julgar nada. Apenas conto até três e imagino que um grande sol, como se fosse uma cúpula, me envolvesse. Tudo isso sem que eu deixe de realizar meus necessários trabalhos terrenos. Como eu falei anteriormente, hoje, nosso trabalho de revolução da consciência é realizado em meio a toda turbulência que é a vida, a todo este ir e vir de afazeres que nos exigem presença constante.

Muitas vezes, eu apenas imagino estar olhando para o meu coração físico e sinto a vida em mim. Conto até três e me envolvo em luz. A luz serve como um escudo contra as energias que eu atraio por pensamentos e sentimentos errôneos que vêm me enfraquecer. Então, eu retorno às minhas atividades e, a seguir, faço novamente as perguntas sobre mim.

Acredito que não precisamos ter pressa em obter a perfeição, nem ficar nervosos porque não conseguimos fazer a prática a todo o instante. O importante é adquirir o hábito. Aos poucos, vamos tendo conhecimento para transformarmos os defeitos ou pessoas que habitam em nosso interior em aliados para o nosso trabalho, sem deixarmos nada para trás, tudo com muito equilíbrio.

Enquanto eu escrevia este capítulo, meu filho Luccas Jones me interrompera várias vezes. Em uma das vezes, eu lhe disse: "Puxa, filho. A mãe está escrevendo!" E ele me perguntou: "Mas, mãe, porque ninguém mostra nada de Deus, só de Jesus?". Do nada, ou pelo menos assim me pareceu, o Luccas me falou isso. Então, parei e conversei o que eu sabia com ele. Em um primeiro momento, minha vontade foi de mandá-lo sair dali. No entanto, quando olhei nos olhos dele, vi uma alma a brilhar, sedenta de inquietudes. Resolvi parar tudo e conversar com ele. Acabamos meditando por poucos, mas suficientes, instantes, que o aquietaram. Agora, eu vejo-o daqui. Ele se embala em uma rede, na sacada desta casa. Parece estar em paz e tranquilo. Estamos em uma pousada de frente para o mar, em Garopaba, SC. Nossa família procura vir aqui todo verão. Sento-me de frente para o mar e viajo no tempo e no espaço, escrevendo muitas linhas, porém, sem me esquecer de que sou mãe, esposa, mulher, profissional, amiga, espírito, alma, mônada, Ser. Acredito ser esta uma das chaves do bem-viver, ou seja, fazer tudo o que for necessário, mas equilibradamente e com muito amor. Da janela, eu vejo as pessoas banhando-se no mar, tomando sol, crianças correndo de um lado para o outro, idosos sendo ajudados por seus entes queridos para que possam se deleitar no precioso mar. Daqui, desta sacada, eu presencio a vida correndo em minhas veias e nas veias de todas estas pessoas. Então, imagino que todos estão sendo envoltos por um grande sol e peço a Deus, que meus irmãos busquem o trabalho de autodescoberta de si mesmos. Cada uma dessas pessoas tem pensamentos, sentimentos e energias próprias, mas todas, sem exceção, partiram e voltaram de/para o mesmo lugar que eu e que você. Por isso, vale a pena amar nosso semelhante e buscar dentro de cada um de nós uma forma de ajudá-lo a libertar-se. Quantos irmãos eu vejo diante deste majestoso mar! Quanta energia de vida! Quanta vontade de gritar a todos: "Vamos, juntos, buscar a realidade de cada um de nós!"

INTERAÇÃO DOS SERES

O objetivo desta prática é permitir que as energias de amor pertinentes a cada espécie, possam se expandir para dentro e para fora de todos os reinos. Vamos nos colocar no lugar dos outros seres, por exemplo, de uma flor, de um gato, de uma tartaruga, de uma pedra. Vamos sentir as sensações de outras espécies de forma a aumentar a nossa consciência individual e, posteriormente, coletiva, em uma atitude de ajuda à vida em sentido geral.

Nosso planeta, assim como todas as espécies que habitam nele, está ameaçado. A ganância, o poder dos homens, o desmatamento, além de muitos crimes silenciosos que ocorrem em diferentes habitats, geram um grande caos de uma forma geral. Queremos tudo e todos. Fazemos de tudo para ascendermos em nossos propósitos, mas esquecemos de que o nosso maior bem é a vida que temos. Muitas vezes, morremos em prol dessa ascensão e depois ficamos perdidos em vales de lágrimas e de arrependimentos. Por isso, meu amigo, é aqui e agora que podemos e devemos fazer a nossa parte. Todos, inclusive, a nossa espécie, precisamos de ajuda. Nosso ar também já está doente. Nossa água é escassa em algumas partes do planeta. Nossa comida tem diferentes produtos químicos que, muitas vezes, são necessários para que ela cresça e desenvolva. Ingerimos produtos que fazem mal à nossa saúde, causando doenças em nosso corpo. Ainda há tempo de melhorar o espaço em que vivemos. Ainda podemos interagir e recuperar muita coisa. Conscientizarmo-nos se faz necessário. Há várias medidas de ajuda, você as deve conhecer, mas, aqui, nesta prática, gostaria de lhe passar algo que me foi passado já faz algum tempo. Aprendi durante uma meditação, e esta surtiu efeito prolongado em meu coração. Passei a sentir mais os seres, além de respeitá-los e amá-los. Todo ser, por menor ou mais insignificante que pareça, tem a sua função na cadeia evolutiva e energética da vida. Esta prática tem algumas partes. Vamos lá.

Parte 1: Oração ao planeta

Faça uma oração que parta de seu coração. Imagine que você faz parte do todo. Quando você ora pelos outros, ora também por você. Toda ação traz a você uma reação. Isso é real. Imagine que luzes da cor que você quiser adentram o ambiente que você está neste momento. Sente-se. Feche seus olhos. Ore.

Oração

Energias divinas que movimentam todo o cosmos, energias luminosas que trouxeram vida à imensidão, obrigada por me dar oportunidade de aqui estar. Obrigada por poder sentir a vida dentro de mim. Obrigada por poder interagir com seres e, a partir disso, tirar muitos aprendizados.

Ensina-me, energias divinas, a aproveitar esta oportunidade. Que eu consiga ajudar quem precisa. Que eu consiga discernir entre o bem e o mal. Que eu não despreze quem vive noutro reino. Que eu o respeite. Que eu saiba que todos nós fazemos parte da vida e, sem todos nós, nada se processaria.

Orienta-me. Mostre-me os passos que devo seguir. Ajude-me a repassar tudo o que aprendi e o que ainda aprenderei.

Que eu saiba compartilhar. Que eu seja um emissor de boas energias, e que estas possam ajudar a toda a existência.

Direcione-me energias divinas. Assim lhes peço.

Obrigada. Obrigada. Obrigada.

Imaginação

Enquanto você ora, imagine que o Sol, o maravilhoso Sol, adentra o espaço em que você está. O Sol invade tudo e todos e redimensiona partículas amorosas ao todo que está inserido no cosmos.

Imagine que o Sol preenche você por inteiro e reorganiza todas as suas células. Imagine que ele vai saindo de você em um movimento constante, expandindo-se para as águas, para a Terra, para os animais, para os vegetais, para os minerais, para as pessoas.

Imagine que tudo se reorganiza conforme a energia solar. Você só precisa pensar que o Sol invade, expande, redimensiona e cura, de certa forma, tudo e todos.

Sinta que você é um centro enérgico, ou seja, um grande gerador de amor e de energia transmutada aos nossos amigos existenciais.

Fique aí, recebendo energia solar imaginativamente, se envolvendo nela e repassando para o todo. Você sentirá que tudo em você se fortifica. Sentirá o amor por todos os seres que você lembrará neste momento. Às vezes, podem aparecer em seus pensamentos e sentimentos plantas que alguma vez você cuidou ou animais que já se foram, mas que ainda vibram em um mundo equidistante.

Entregue-se. Ame-se e ame ao seu próximo. Lembre-se de que todos somos o seu próximo, sem distinção do reino em que estivermos.

O poder da imaginação é incrível. Ela pode energizar não apenas um copo de água, mas todo um oceano em prol de todos os seres.

Agora, vamos adiante.

Concentre-se nas águas, por exemplo, mas somente nas águas. Deixe que os raios solares invadam todas as partículas de água existentes. Aquelas que você conhece e aquelas que você desconhece. Sinta que essas luzes vão entrando no DNA da água, transformando-a, limpando-a e reabastecendo-a de vida.

Se você tiver tempo, faça isso com cada reino, cada elemento. Faça conforme a sua vontade e sua disponibilidade, sempre vibrando no amor. Quando você ora pela água, ou imagina-se interagindo com ela, você se torna a própria água. É incrível, você sente o que está certo e o que está errado, e melhor, você tem a chance de mudar muita coisa por meio do amor. Nós somos pequenos em meio a tantos estragos que o mundo suportou, mas não podemos deixar assim e não fazermos a nossa parte. Mesmo que não possamos sair de nossos lares, por motivos alheios à nossa vontade, podemos dissipar amor, que é a graça que vem de dentro do nosso coração.

É interessante que você escolha para qual reino você fará esta prática, para todos em um mesmo dia, ou apenas para um. Quando você escolher um mineral, por exemplo, imagine-se uma pedra, ou outro mineral que vier à sua mente. Sinta o coração dessa pedra, sinta a vibração dela. Ela existe. Tudo no cosmos vibra. Tudo. Pedras também vibram e coexistem conosco. Pense nisso.

Se, por ventura, escolher um animal, sinta-se esse animal, vibre com ele, vibre na energia dele e envolva-o, e todo o seu reino, em luz e amor.

Práticas são exercícios amorosos e de doação de você para você e de você para o outro. Não coloque regras, apenas sinta o que está fazendo. Fique à vontade e faça do seu jeito. O que importa é o amor. Repito isso por que, muitas vezes, achamos que só o outro sabe, que só o outro faz bem e que só daquela forma é que está certo. Isso é um grande erro, porque todos nós temos energias necessárias para construir um mundo melhor.

Corrente de força

Imagine que toda a energia que você aqueceu nestes momentos vibra dentro de você. Imagine que todos os seres estão dando as mãos, formando um grande e infinito círculo mantido pela união e pelo amor. Todos estão em sua oração particular e essa energia abraça o cosmos, reflete no planeta e em todos os seres que aqui interagem com a vida. Sinta o poder da união. Sinta em seu coração, agora, como realmente todos somos um. Tenho certeza de que você se surpreenderá com os resultados desta prática. Anime a chama interna que está aí dentro. Crie coragem e faça a sua parte.

Não esqueça de que cada pessoa tem um nível de consciência próprio. Não obrigue ninguém a fazer algo que não queira. Não force o seu amigo ou familiar a sentir o que você está sentindo. Faça apenas a sua parte e deixe que o outro tome sua própria consciência, e faça-o quando sentir vontade.

Palavras energéticas que vibram no Bem

Certo dia, enquanto eu fazia esta prática, ouvi um som que me fez vibrar por completo. Senti que tais palavras despertavam uma energia criativa dentro e fora de mim, e que esta ajudaria a vibrar todos os seres, como um canal de vibração e interação.

A letras S-O-L vibravam em meu coração. O "S" era pronunciado como o silvo de uma serpente, o "O", como muitos "os" e, em seguida, o "L", como "elllllllllllllllll". Depois, vibrava a palavra inteira: SSSSSSOOOOOOLLLLLLLL...

Vamos lá, tente comigo. Enquanto pronuncia, sinta toda a energia das letras vibrando no cosmos e adentrando um universo desconhecido e iluminado. Então, fazemos assim: inspiramos e, ao expirar, entonamos:

SSSSSSSSSSSSSSSSSSSSSSSSSSSSSSSSSSSSSSSSSSSS-SSSSSSSSSSSSSSSSSSSSSSSSSSSSSSSOOOOOOOOOO OOOOOOOOOOOOOOOOOOOOOOOOOOOOO OOOOOOOOOOOOLLLLLLLLLLLLLLLLLLLLLL LLLLLLLLLLLLLLLLLLLLLLLLLLLLLLLLLLLLLL LLLLLLLLLLLLLLLLLLLL

E depois:
SOLLLLLLLLLLLLLLLLLLLLL
SOLLLLLLLLLLLLLLLLLLLLLLL
SOLLLLLLLLLLLLLLLLLLLLLLLLL.

Podemos fazer quantas vezes sentirmos vontade. Quando eu posso, fico uns cinco ou dez minutos fazendo este exercício. Tente e depois me conte.

Fechamos nossos olhos. Respiramos algumas vezes profundamente. Fazemos ou não os exercícios anteriores. A oração é bem importante. Ela afasta os maus pensamentos e mantém os bons durante e depois da prática.

LEIA TAMBÉM

Caminhos de Morte e Vida - Histórias Esclarecedoras e práticas de transformação pessoal
Daniela Neves Santos / 192 páginas / 16x23

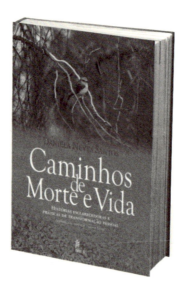

Caminhos de Morte e Vida, de Daniela Neves Santos, faz parte de uma trilogia que, corajosamente, vai levar seus passos por caminhos pouco conhecidos de morte e de vida. O texto, leve e esclarecedor, inspirado pelos espíritos de Natan e Tereza, conduzem o leitor pelos caminhos do retorno e da recorrência, da reencarnação, da vontade e amor conscientes, dos acasos que não são acasos, das verdades e mentiras criadas sobre os processos do morrer e do viver. Histórias, personagens, cenários que nos impulsionam a repensar a vida e buscar a felicidade; também nos traz práticas inovadoras que nos preparam para desenvolver e conhecer o poder da transformação pessoal que reside no interior de cada um de nós.

www.besourobox.com.br